100
EINZIGARTIGE ORTE
die schon bald verschwinden könnten

INHALT

100 einzigartige Orte

Titel der Originalausgabe: 100 Places to Remember Before they Disappear
Erschienen bei Co+Life A/S, 2009

Deutsche Erstausgabe

Ein Unternehmen der La Martinière Groupe

Konzept und Gestaltung: Co+Høgh A/S, Kopenhagen
Redaktionelle Koordination und Fotorecherche: Stine Trier Norden und Søren Rud
Autoren: Poul Arnedal und Ulla Kayano Hoff
Wissenschaftliche Recherche: Dr. Michael Helt Knudsen
Wissenschaftliche Durchsicht:
Department für Geografie und Geologie, Universität Kopenhagen, Privatdozent Kjeld Rasmussen,
Privatdozent Ole Mertz und Professor Anette Reenberg
CARE Dänemark, Dr. Charles Eberhardt

Fotos: Getty Images Ltd.

Übersetzung aus dem Englischen: Frank Auerbach, Pfatter
Lektorat und Herstellung: Büro Sieveking, München
Druck: Printer Trento, Trient
Printed in Italy

FSC
Mix
Produktgruppe aus vorbildlich bewirtschafteten
Wäldern und anderen kontrollierten Herkünften
www.fsc.org Zert.-Nr. CQ-COC-000012
© 1996 Forest Stewardship Council

ISBN 978-3-86873-223-8

www.knesebeck-verlag.de
www.100places.com

Umschlagabbildung: Peter Hendrie/Getty Images

DR. RAJENDRA K. PACHAURI

Der Klimawandel ist bereits in vollem Gang!

»100 einzigartige Orte« ist meines Erachtens ein vorzüglicher Ansatz, um den Menschen das Ausmaß des Schadens bewusst zu machen, den der Klimawandel anrichten kann. Wenn man die Öffentlichkeit darauf hinweist und ihr diese hundert Lebensräume zeigt, die uns als Welterbe so viel bedeuten, wird das hoffentlich zu Entscheidungen führen, diese schönen, wertvollen und kostbaren Orte der Erde tatsächlich zu schützen.

Viele der in diesem Projekt vorgestellten Orte sind auf unterschiedliche Weise stark gefährdet. Das Ansteigen des Meeresspiegels bedroht kleine Inselstaaten, tief liegende Gebiete und Küstenregionen in verschiedenen Gegenden der Erde. Auch Ökosysteme sind in Gefahr. Wir haben ermittelt, dass beim Ansteigen der Durchschnittstemperaturen um 1,5 bis 2,5 °C etwa 20 bis 30 Prozent der Arten, die wir seitens des IPCC überprüft haben, vom Aussterben bedroht sind. So zum Beispiel die Korallenriffe: Diese wunderschönen Ökosysteme, die es überall auf der Erde gibt, sind fraglos bereits in Mitleidenschaft gezogen. Es gibt viele Orte rund um den Globus, die verschwinden werden, falls das Klima nicht stabilisiert wird.

Abgesehen von der Naturschönheit dieser Orte wird auch die Wirtschaft erhebliche Schäden erleiden, denn die meisten Getreideprodukte, die wir verzehren, und die meisten Wirkstoffe und Medikamente, die wir in der modernen Medizin verwenden, verdanken wir dem Artenreichtum der Natur. Wenn wir diese biologische Vielfalt schädigen, schränken wir damit die wirtschaftlichen Grundlagen für künftige Entwicklungen und die Versorgung mit Getreide und Heilmitteln ein.

Ich finde, die Menschen müssen nicht nur von jenen so ursprünglichen Orten auf unserem Planeten wissen, die uns wegen ihrer natürlichen Schönheiten schon immer faszinierten, sondern auch von den wirtschaftlichen Risiken, die in der Zukunft drohen.

Nehmen wir das Abschmelzen der Gletscher: In manchen Gegenden der Erde hängt die Wasserversorgung der Menschen von Flüssen ab, die vom Schmelzwasser der Gletscher gespeist werden. Wenn die Gletscher ganz abschmelzen, werden diese Flüsse austrocknen. Auf dem indischen Subkontinent zum Beispiel sind wir Menschen in dieser Hinsicht besonders anfällig. Vor allem der Norden des Subkontinents hätte unter einer Abnahme der Wasserzufuhr sehr zu leiden, denn alle Wasserreserven dieser Region werden von den Gletschern des Himalaja versorgt. Wenn sie sich spürbar verringern, hat das erhebliche wirtschaftliche Folgen.

Beim Getreideanbau wird es in vielen Teilen der Erde infolge des Klimawandels geringere Erträge geben. Wenn wir neue Sorten entwickeln müssen, die in dem veränderten Klima gut gedeihen, geht das auf Kosten des natürlichen Artenreichtums. Sind ganze Arten bedroht, dann schränkt das überhaupt unsere Möglichkeiten ein, andere Formen von Nutzpflanzen einzuführen, die unter den neuen Bedingungen wachsen.

Man muss der Öffentlichkeit klarmachen, dass es hier nicht um etwas geht, das irgendwann in der Zukunft passieren wird. Es ist bereits in vollem Gang. Wenn wir nicht eingreifen, dann werden die kostbarsten Schätze der Menschheit und aller Lebewesen zu Schaden kommen und für immer verschwinden.

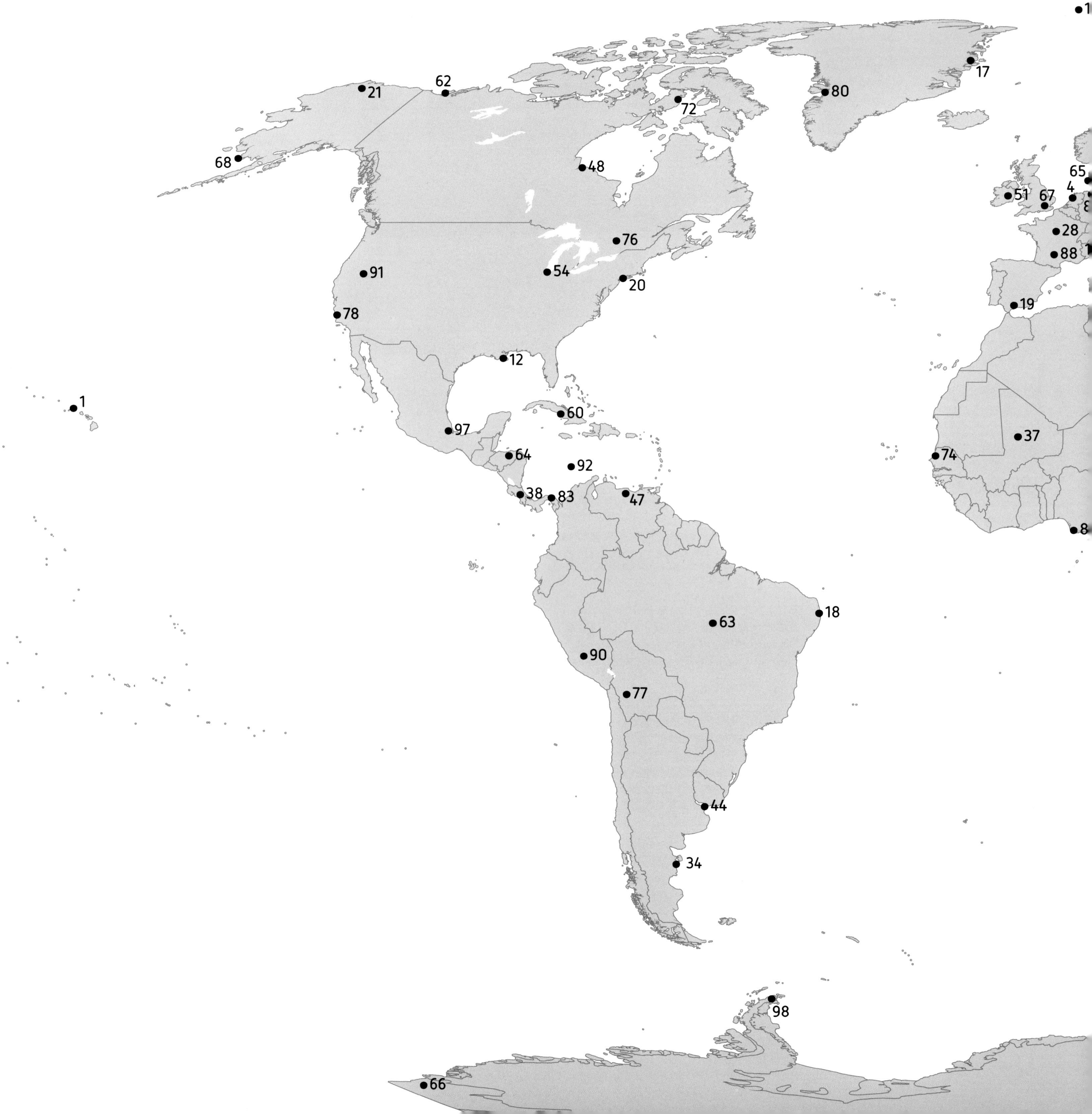

17
80
62
21
72
68
48
65
4
51
67
76
28
88
91
54
20
19
78
12
1
60
97
37
64
74
92
38
83
47
18
63
90
77
44
34
98
66

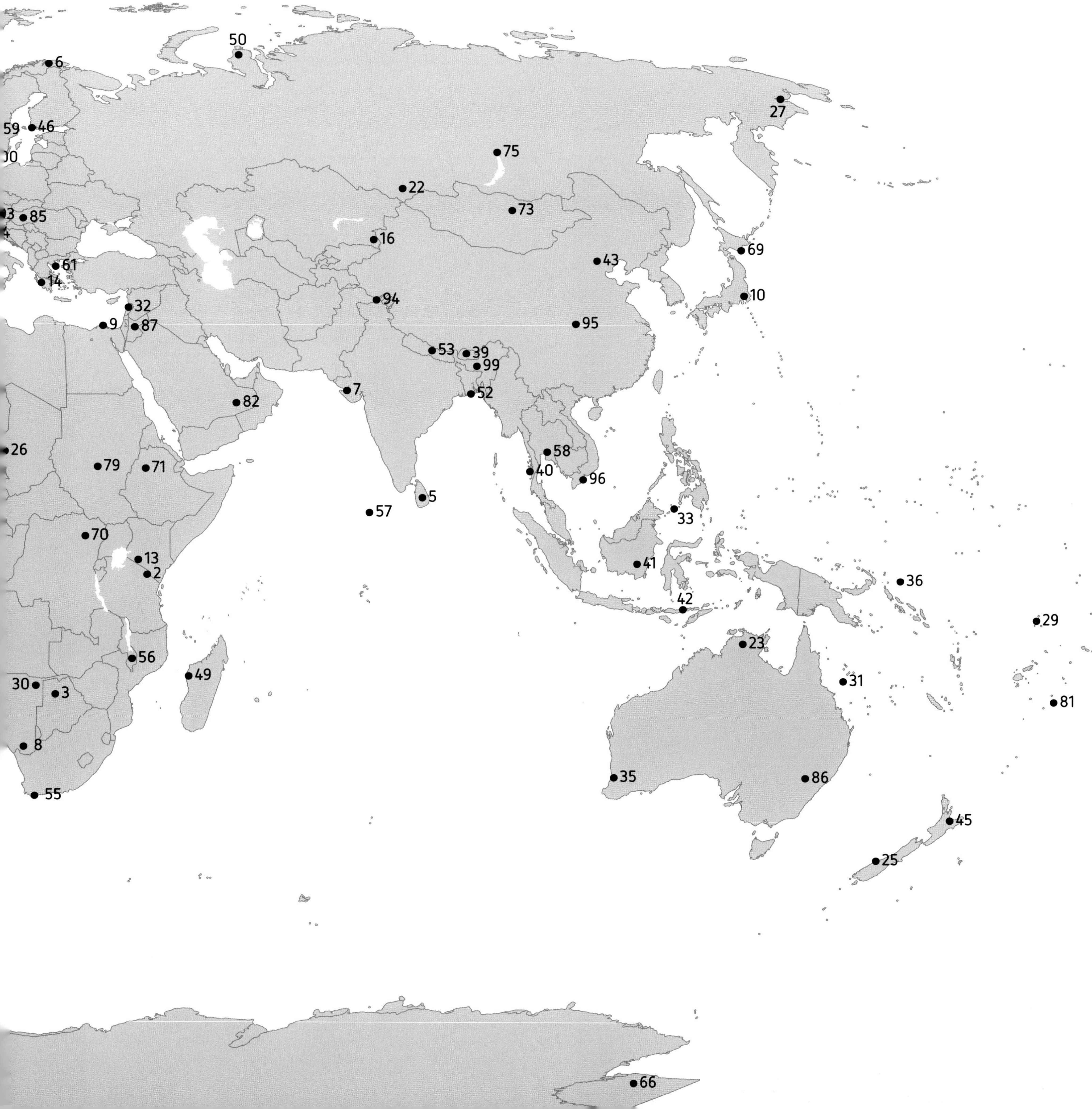

50
6
27
59
46
75
22
73
85
16
69
43
61
14
94
10
32
9
87
95
53
39
99
7
52
82
26
79
71
58
40
96
5
57
33
70
13
2
41
36
42
29
23
56
49
31
30
3
81
8
35
86
55
45
25
66

Hawaiis Kleidervögel leben versteckt in den Wolken

Kauai, die viertgrößte der Hawaii-Inseln, ist mit einer Niederschlagsmenge von 11700 Millimetern im Jahresdurchschnitt einer der feuchtesten Orte der Erde. Große Teile der gebirgigen Insel sind in Wolken gehüllt, die sich bilden, wenn feuchte Passatwinde vom Pazifik über die zerklüftete Landschaft fegen. Hier gedeihen üppige, saftige Wälder.

Hoch oben im kühlen Klima der Nebelwälder leben die schönen, farbenprächtigen hawaiischen Kleidervögel. Diese Honigsauger sind seltene Vögel, die mit ihren langen, nach unten gebogenen Schnäbeln Nektar aus den Blüten trinken, wie Kolibris in der Luft schwirren und vielfältige Laute von sich geben, von nasalem Quieken bis zu hellen Flötentönen.

Diese Art der Kleidervögel ist nur auf Hawaii heimisch. Sie leben in Höhen über 1500 Metern, wo das Klima für Moskitos zu kalt ist. Die meisten Kleidervögel auf Hawaii sind 10 bis 13 Zentimeter lang und wiegen weniger als acht Gramm. Sie sind äußerst anfällig für Krankheiten, besonders für die Vogelmalaria.

Die Nebelwälder auf Hawaii sind eines jener Ökosysteme, für die der Klimawandel die höchsten Risiken mit sich bringt. Verhältnismäßig geringe Verschiebungen des Klimamusters können örtlich zu großen Veränderungen führen und das Ökosystem der Inseln erheblich belasten.

Die Abholzung sowie hier nicht heimische Arten wie Schweine und Ziegen haben in den letzten Jahren den Lebensraum der Kleidervögel drastisch verringert. Sie sind jetzt eine bedrohte Art. Mit dem zu erwartenden Temperaturanstieg werden sich Moskitos auch in größeren Höhen der Berge von Kauai verbreiten und allmählich die Kleidervögel ausrotten.

Ira Block/Getty Images

Schnee auf dem Haus Gottes

Als Ernest Hemingways Roman »Schnee auf dem Kilimandscharo« 1936 veröffentlicht wurde, brachte er dem schneebedeckten ostafrikanischen Berg legendäre Berühmtheit ein.

Für die Stämme der Massai, die in den Ebenen zu seinen Füßen leben, war der Berg schon seit Jahrhunderten Mythos und Legende. Für sie ist er *Ngàja Ngài* – das »Haus Gottes«.

Von der Ebene aus gesehen, erhebt sich der Gipfel des Kilimandscharo aus einem Ring von Wolken und Nebel, der die unterhalb liegenden bewaldeten Berghänge verhüllt. Als Hemingway den Berg erstmals beschrieb, begann die Firnkappe bereits langsam zu schmelzen. Zwischen 1912 und 2003 führte der Klimawandel zum Verlust von 80 Prozent der Firneisfläche, und es ist zu erwarten, dass der Rest der Schneekappe bis 2020 verschwunden sein wird.

Für sich genommen wird der Verlust des Schnees auf dem Gipfel des Kilimandscharo nur geringe Auswirkungen auf das Ökosystem dort haben, da lediglich ein paar kleinere Bäche von ihm gespeist werden. Doch das Abschmelzen der Kappe hat große symbolische Bedeutung und zeigt die enorme Geschwindigkeit, mit der sich das Weltklima ändert.

Weiter unten am Berg haben sich die schweren Wolken, deren Dunst und Niederschläge die Nebelwälder bewässern und die Flüsse speisen, bereits verringert, weil die Temperaturen steigen und die Luftfeuchtigkeit abnimmt. Dieser Trend wird anhalten; er hat bereits zu häufigeren Waldbränden geführt.

Zusammen mit der Abholzung durch den Menschen wird diese Entwicklung die Niederschlagsmengen weiter reduzieren. Das hätte verheerende Folgen für die Waldbestände und für die Wasserversorgung von einer Million Menschen der Chagga- und Massai-Stämme, die rund um das Kilimandscharo-Massiv leben.

Federico Veronesi/Getty Images

Bobby Haas/Getty Images

Eine Oase für die Tierwelt – oben wie unten

Das Volk der Bayei, einer der vielen Stämme, die im Okavangodelta leben, lehrt seine Kinder ein Gedicht über das Delta: »Ich bin der Fluss. Meine Wasserfläche schenkt dir Leben. Unten ist der Tod.« Der Tod »unten« meint die Krokodile, die hier leben und Menschen und Tiere des Deltas bedrohen.

Aus dem Weltraum gesehen, gleicht das Delta dem Fußabdruck eines Vogels. Es bildet ein Labyrinth von Seen, Lagunen und verborgenen Kanälen, erstreckt sich über eine Fläche von mehr als 15000 Quadratkilometern und ist damit das größte Binnendelta der Erde.

Das Okavangodelta wird von der ausgedörrten Steppe der Kalahari umschlossen, hat keinen Abfluss zum Meer und zieht all die Tiere an, für die seine jahreszeitlichen Überschwemmungen lebenswichtig sind. Alljährlich gelangen elf Kubikkilometer Wasser in das Delta, Wasser, das ungewöhnlich sauber ist, weil es entlang der Zuflüsse weder Landwirtschaft noch Industrie gibt.

Fünf ethnische Gruppen mit unterschiedlicher Identität und Sprache leben am Delta, das eines der an Wildtieren reichsten Gebiete der Erde ist. Die Menschen teilen das Land mit zahllosen Arten wie Elefant, Büffel, Nilpferd, Gnu, Giraffe, Löwe, Afrikanischer Wildhund, Antilope, Zebra, Ibis und vielen anderen – so auch dem Krokodil.

Es steht zu erwarten, dass die Niederschläge infolge des Klimawandels nachlassen, während die Temperaturen steigen. Das wird dazu führen, dass die gewaltigen Torfmoore des Deltas austrocknen und der Torf Feuer fängt: Durch Brände würden enorme Massen von Treibhausgasen freigesetzt.

Die Stämme, die am Okavangodelta leben, könnten gezwungen sein, in andere Gebiete abzuwandern und ihre Lebensweise den dortigen Verhältnissen anzupassen – auf Kosten ihrer einzigartigen Kultur.

900 Jahre hinter Deichen, Dämmen und Flutbarrieren

Weil mehr als die Hälfte ihrer Stadt tiefer als der Meeresspiegel liegt, leben die Bewohner von Rotterdam seit fast 900 Jahren hinter Deichen und Dämmen, die sie vor dem Meer, vor Stürmen und vor Überflutungen schützen.

Tatsächlich liegen 55 Prozent der Niederlande unter Meereshöhe. Der tiefste Punkt des Landes befindet sich mit 6,76 Metern unter Meeresniveau knapp östlich vom Zentrum Rotterdams; deshalb ist die Stadt durch Sturmfluten und jeden Anstieg des Meeresspiegels besonders gefährdet.

Die Schifffahrt ist seit den 1350er Jahren der Haupterwerbszweig Rotterdams. Die Stadt hat heute Europas größten Hafen, einen der verkehrsreichsten Häfen weltweit. Dieser ist für 25 Prozent des gesamten CO_2-Ausstoßes der Niederlande verantwortlich.

Gegen Ende der 1990er Jahre wurde das Maeslantkering gebaut, ein Sturmflutwehr, das die Stadt und ihre Umgebung vor dem Ansteigen des Meeresspiegels und vor Überflutungen schützt. Seine beiden gewaltigen Tore, von denen jedes die Dimensionen des Eiffelturms hat, sperren Hafen und Hinterland gegen das Meer ab. Die Flutbarriere ist eines der größten Bauwerke der Erde und kann einer Erhöhung des Wasserspiegels um bis zu fünf Meter standhalten. Sie schließt sich automatisch, wenn vorauszusehen ist, dass das Wasser um drei Meter über Normalnull steigen wird. Niederländischen Vorhersagen zufolge wird dies nur alle zehn Jahre der Fall sein, nach 2050 aber alle fünf Jahre.

Im November 2007, zehn Jahre nach ihrer Inbetriebnahme, schloss sich die Barriere zum ersten Mal. Ein paar Jahre zuvor hatte die Flut nur um wenige Zentimeter den Schwellenwert verfehlt. Während der Sturmflutkatastrophe von 1953 wurde ein Wasserstand von 3,85 Meter verzeichnet.

Obwohl Rotterdam vorerst sicher zu sein scheint, könnte der Klimawandel ein weiteres Ansteigen der Meeresspiegel und schwere Sturmfluten verursachen.

Romilly Lockyer / Getty Images

Martin Puddy/Getty Images

Ein Markenartikel ernährt 700 000 Menschen

Der Tee hat seinen Ursprung in China, wo man ihn seit Jahrtausenden trinkt. Der Legende zufolge entdeckte ein chinesischer Kaiser das Getränk 2737 v. Chr., als ein paar Teeblätter zufällig in einen Topf mit kochendem Wasser fielen.

In Europa wurde der Tee im 17. Jahrhundert beliebt, aber der kommerzielle Anbau begann erst, als britische Kolonisten im 19. Jahrhundert in Indien und Ceylon (heute Sri Lanka) Teepflanzungen anlegten.

Die erste Teeplantage und -fabrik in Ceylon wurde 1872 von dem Schotten James Taylor gegründet. Heute ist Sri Lanka der drittgrößte Teeproduzent der Erde, und das Warenzeichen »Pure Ceylon Tea – Packed in Sri Lanka« (»Reiner Ceylon-Tee – Abgepackt in Sri Lanka«) gilt weltweit als Qualitätsmerkmal. Tee ist der wichtigste Devisenbringer des Landes. Über 700 000 Arbeitskräfte und ihre Familien leben von der Teeindustrie. Große, staatseigene, aber privat geführte Plantagen werden auf der Basis von Gewinnbeteiligungen sowie von vielen privaten Kleinbauern betrieben. Diese bearbeiten 44 Prozent der Plantagen, liefern aber 58 Prozent der Jahreserträge von 300 000 Tonnen schwarzem Tee.

Der Großteil des Tees von Sri Lanka wächst an den Berghängen des zentralen und südlichen Hochlands in Höhen von 760 bis 1800 Metern. Das Hochland eignet sich ideal für den Anbau, denn die Pflanzen benötigen das ganze Jahr hindurch gleichmäßigen Regen bei Temperaturen von 18 bis 25 °C und ein sonniges Klima.

Die globale Erwärmung könnte sich im Laufe der nächsten 60 Jahre verheerend auf den Teeanbau auswirken. Höhere Temperaturen und trockeneres Wetter werden Dürren verursachen, die die Erträge schmälern und viele Pflanzen schädigen. Schwere periodische Regenfälle können Bodenerosion und Erdrutsche an den steilen Berghängen auslösen, und die Wachstumsbedingungen werden sich verschlechtern, wenn eine dichte Wolkendecke das Sonnenlicht abschirmt.

Die Kleinbauern wird es am schlimmsten treffen. Sie besitzen weder genügend Land noch ausreichende finanzielle Mittel, um mit geeigneten Maßnahmen den Folgen der globalen Erwärmung trotzen zu können.

Ein Volk ohne Grenzen

In der kalten, öden Tundra des äußersten Nordens von Skandinavien lebt das Volk der Samen: nomadische Rentierhirten, deren Lebensweise von den Rentierwanderungen bestimmt ist, die wiederum von den Schnee- und Windverhältnissen abhängen. Neun Monate des Jahres verbringen die Samen auf den Weiden im Bergland.

Man hält die Samen für eine der letzten Ethnien europäischer Ureinwohner. Ihr Siedlungsgebiet umfasst die ausgedehnte Region Sápmi, die sich über die Grenzen von vier Nationalstaaten erstreckt: von Norwegen nach Schweden über das nördliche Finnland bis zur Halbinsel Kola in Russland.

Ihre Zahl ist nicht genau bekannt, aber man schätzt, dass zwischen 60 000 und 70 000 Samen in Sápmi leben, die meisten von ihnen in Norwegen.

Die Samen kennen mehr als 400 Wörter für Rentiere, mit denen sie deren Geschlecht, Alter, die Färbung des Fells, die Gestalt und vieles mehr bezeichnen. Obwohl nur noch wenige Samen ihre traditionelle Lebensweise beibehalten haben, bleibt die Rentierhaltung ein wesentlicher Teil ihrer Kultur. Die Hirten besitzen unschätzbares Wissen über die Berge und schneebedeckten Landschaften des Nordens.

Infolge des Klimawandels haben diese Kenntnisse aber nicht mehr den Wert von einst. Steigende Temperaturen und milde Winter machen das Eis unsicher, und vermehrter Waldwuchs verkleinert die Rentierweiden. Im Winter fällt Regen statt Schnee und stellt die Samen und ihre Herden vor neue Probleme. Regnet es auf gefrorenen Boden, bildet sich eine Eisschicht, die den Rentieren den Zugang zu der darunter liegenden Nahrung verwehrt. Die Samen setzen sich bereits jetzt mit den Herausforderungen der globalen Erwärmung auseinander. Doch der noch zu erwartende weltweite Temperaturanstieg bedroht ihre Identität und ihre Rentiere.

Gandhis Geburtsort

Gujarat, Indiens westlichster Bundesstaat, ist der größte Baumwoll- und Salzlieferant der Nation. Hier kam Mahatma Gandhi zur Welt, der politische und geistige Anführer der indischen Unabhängigkeitsbewegung.

Gandhi wurde noch unter der britischen Kolonialherrschaft in der Hafenstadt Porbandar geboren. Als Kind beobachtete er, wie die in Indien angebaute Baumwolle nach England verschifft wurde, um als fertige Kleidung zurückzukehren. Er begriff, dass die Menschen Indiens damit im Zustand der Armut gehalten wurden, und ermutigte später seine Landsleute, importierte britische Kleidung zu boykottieren und stattdessen eigene herzustellen. Um ihnen ein Beispiel zu geben, spann er in der Öffentlichkeit Baumwolle und machte das Spinnrad zum Symbol der Unabhängigkeit. Ihn selbst sah man immer nur im schlichten selbst gesponnenen *dhoti*, einem um die Beine geschlungenen Stück Stoff.

1930 initiierte Gandhi eine Kampagne gegen die britische Salzsteuer. Das britische Salzmonopol verbot es Indern, selbst Salz zu gewinnen. Gandhi führte den berühmten Salzmarsch fast 400 Kilometer durch Gujarat zur Küstenstadt Dandi, wo er unter Missachtung der Gesetze eine Handvoll Salz aufhob und erklärte: »Damit werde ich die Grundfesten des britischen Weltreichs erschüttern.«

1947 erlangte Indien schließlich die Unabhängigkeit. Im Jahr darauf wurde Gandhi ermordet. Inzwischen befand sich die Produktion von Salz, Baumwolle und vielen anderen Agrarerzeugnissen Gujarats in indischer Hand. Heute ist Indien nach den USA und China der drittgrößte Baumwollproduzent der Welt; der Hauptanteil der Baumwolle kommt aus Gujarat. Dieser Bundesstaat liefert zudem jährlich 140 000 Tonnen Salz.

Im Sommer 2005 und 2006 verursachten heftige Monsunregen schwere Überschwemmungen in Gujarat und zerstörten Tausende von Häusern; mehr als tausend Menschen kamen ums Leben, die Infrastruktur und Ernten wurden zerstört.

Die globale Erwärmung wird solche Klimamuster verstärken. Dann kommen auf Gujarat noch stärkere, noch weniger vorhersehbare Monsunregen und Überschwemmungen zu, die nicht nur der Infrastruktur und Millionen Menschen sowie ihren Häusern schwere Schäden zufügen werden, sondern auch den ökonomischen Grundlagen des Staates: Salz, Baumwolle und Landwirtschaft.

John Henry Claude Wilson/Getty Images

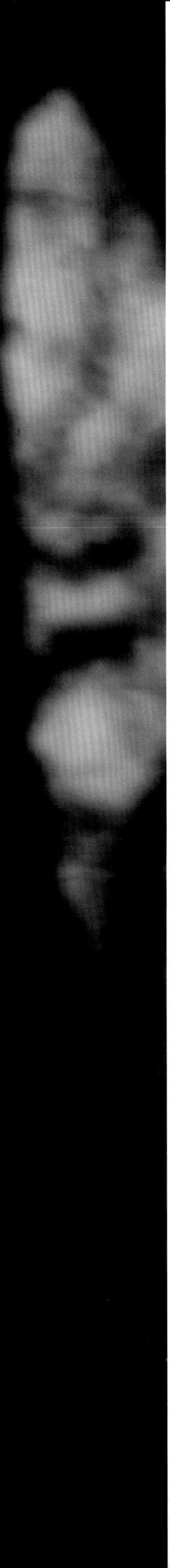

Søren Rud

JOSS STONE

Unser Planet ist ein wertvolles Geschenk

Wir alle leben auf diesem kostbaren Planeten, wir müssen seine Schönheit achten und bewahren. Er ist ein Geschenk.

Ich lebe seit zwölf Jahren in Devon – seit ich zehn Jahre alt war. Während der letzten paar Jahre habe ich die Auswirkungen des Klimawandels selbst erlebt. Unser Garten grenzt an einen Fluss, den wir bisher zu jeder Zeit des Jahres an einer seichten Stelle durchwaten konnten. Aber jetzt ist er zu einem Strom angewachsen, und zu bestimmten Jahreszeiten ist es unmöglich, ihn zu durchqueren. Manchmal überschwemmt er Teile unseres Gartens. Das ist früher nie vorgekommen.

Hier in Devon gibt es fast nie Schnee – und wenn, dann nur für kurze Zeit. Er schmilzt schnell oder wird am Boden braun und schmutzig. Dieses Jahr hatten wir aber jede Menge Schnee, so viel, dass ich eine lebensgroße Frau aus Schnee bauen konnte, die mehrere Tage lang stehen blieb, bevor sie schmolz. So etwas hatte ich noch nie erlebt. Natürlich hat das Spaß gemacht, aber es war auch beängstigend.

Der natürliche Lebensrhythmus der Tiere ist ebenfalls betroffen. Ich habe es bei den Schafen gesehen. Normalerweise bekommen sie Ende März ihre Lämmer, jetzt aber schon kurz nach Neujahr – mehr als zwei Monate vor der Zeit.

Der Klimawandel wirkt sich auf alles aus, aber wir alle können dazu beitragen, das zu verhindern. Wir müssen etwas tun, auch wenn es nur kleine Dinge sind. Wir können das Licht ausschalten, wenn wir es nicht brauchen, oder einen Baum in unserem Garten oder im Park unserer Gemeinde pflanzen.

Für unsere Kinder

Natürlich trage auch ich zum CO_2-Ausstoß bei, wenn ich herumfahre, um zu meinen Auftrittsorten zu gelangen. Aber eines meiner Projekte ist es, bei meinen Konzerten die Leute dazu zu bewegen, Bäume zu pflanzen. Auf diese Weise versuche ich, zur Verringerung der CO_2-Emissionen beizutragen.

Wir alle leben auf diesem kostbaren Planeten, wir müssen seine Schönheit achten und bewahren. Er ist ein Geschenk.

Wir alle müssen etwas tun, jeder Einzelne für sich ebenso wie Firmen und Regierungen. Die bereits vorhandenen Kenntnisse, wie wir den Klimawandel einschränken und die Folgen verringern können, nicht zu nutzen wäre ein Zeichen der Missachtung uns selbst und unseren Mitmenschen gegenüber.

Wir müssen um der kommenden Generationen willen etwas tun, für die Kinder in der Zukunft, für deren Kinder und Kindeskinder.

Joss Stone, englische Soul- und Rhythm & Blues-Sängerin, Songschreiberin und Schauspielerin, wurde mit zwei BRIT Awards und einem Grammy Award ausgezeichnet. Sie lebt in Devon in Südwestengland.

Land des freien Raumes

Die Namib gilt als älteste Wüste der Erde. Sie erstreckt sich entlang der Atlantikküste Südwestafrikas. In ihr bewegen sich die weltweit größten Wanderdünen. Sie werden durch den vom Atlantik kommenden Westwind gebildet und sind bis zu 300 Meter hoch. Namib bedeutet »leerer Platz« und gab dem Land Namibia seinen Namen.

Die Dünen bewegen sich mit einer Geschwindigkeit von 20 Metern pro Jahr. Weiter landeinwärts gehen sie in eine Busch- und Savannenlandschaft mit viel Gras und vereinzelten Bäumen über, mit einer Fülle seltener Pflanzen- und Tierarten, die es nur hier gibt. Alte Nomadenstämme streifen seit Jahrhunderten auf der Suche nach Weiden für ihre Rinder umher.

Die Feuchtigkeit vom Meer, die der Westwind als Nebel oder Regen bringt, ist für die spärliche Flora und für die Tierwelt unverzichtbar, überhaupt für alles Leben im Busch und in der Savanne.

Man erwartet, dass der Klimawandel die Atlantikwinde verstärken und häufigere Dürren in der Namib verursachen wird. Das dürfte eine dramatische Zunahme von Wanderdünen auslösen, die viel schneller ostwärts durch das Land ziehen und Vegetation, Tierwelt und das traditionelle Leben der Nomaden bedrohen werden.

9. Nildelta · Ägypten

Das Geschenk der Götter an die Ägypter

Seit Jahrtausenden ernährt das Nildelta die Menschen der vielen in Ägypten beheimateten Kulturen. Seit über tausend Jahren befördern Dauen, traditionelle arabische Boote, die landwirtschaftlichen Erträge aus dem fruchtbaren Delta.

Der Nil, das längste Flusssystem der Erde, hat zwei Quellflüsse: den Weißen Nil, der aus dem Victoriasee hervorgeht, und den Blauen Nil, der aus dem Tanasee im Hochland von Äthiopien kommt. Seit undenklichen Zeiten ist der Nil die Lebensader Ägyptens; die Pharaonen glaubten, er sei ein Geschenk der Götter.

Nach einer Reise von 6500 Kilometern durchströmt der Nil Ägyptens Hauptstadt Kairo und fächert sich dann in das Nildelta auf. Das Delta mit einer Fläche von etwa 20 000 Quadratkilometern mündet auf der ganzen Breite zwischen Alexandria im Westen bis nach Port Said im Osten ins Mittelmeer.

Die Menschen bebauen das Land am Fluss und im Nildelta noch heute, wie sie es seit über 5000 Jahren getan haben. Der Strom und sein Delta sind lebenswichtig für Ägypten. Ohne das Wasser und die fruchtbaren Böden könnte das Land nicht existieren – zumindest nicht so, wie wir es kennen.

Das Delta ist äußerst anfällig für den Klimawandel. Steigende Meeresspiegel werden Küstenerosion bewirken, wertvolles Ackerland überfluten und Grundwasser mit Salzwasser vermischen. Bis zum Jahr 2050 könnte das Ansteigen des Meeresniveaus mehr als eine Million Menschen vertreiben. Veränderte Niederschlagsverhältnisse und höhere Verdunstungsraten sind ebenso zu erwarten. Angesichts einer wachsenden Bevölkerung bedeutet dies eine schwere Belastung für die Trinkwasserversorgung Ägyptens.

Frank Schreider / Getty Images

THE
G
I
N
Z
A
鉄観光
東海銀行
メルサ
エスプリ
Asahi アサヒビール
MATSUZAK
優先

Garrett/Getty Images

Eine Rushhour wie keine andere auf Erden

Japan ist eine der großen Wirtschaftsnationen der Welt und Tokio eine Riesenmetropole. Für Millionen Japaner sind gläserne Wolkenkratzer, überfüllte Straßen voll bunter Fahnen, Neonreklamen und gigantischer flimmernder Bildflächen, von denen Musikvideos und Werbespots dröhnen, die Kulisse ihres täglichen Lebens.

Etwa 8,6 Millionen Menschen leben in Tokio selbst. Dazu kommen jeden Wochentag noch 2,5 Millionen Pendler, die zur Arbeit und zur Schule aus den Vororten ins Zentrum eilen. Die U-Bahn und eines der weltweit betriebsamsten und leistungsfähigsten Netze von Pendlerzügen sorgen dafür, dass sie rechtzeitig ankommen.

Die hektische Metropole pausiert jedes Jahr im Frühling, wenn Abertausende von Kirschbäumen in Blüte stehen. Japanische Firmen schließen mittags und veranstalten *Hanami*-Partys, Picknicks unter den schneeweißen und zartrosafarbenen Kirschblüten. Die atemberaubende Schönheit dieser Blüte hält nicht länger als zwei Wochen an – und stirbt auf dem Höhepunkt ihrer Pracht. So gemahnt die Kirschblüte die Japaner an die Vergänglichkeit von Leben und Schönheit.

Die globale Erwärmung verändert jetzt das Leben noch schneller. Tokio leidet unter dem Phänomen der »Hitzeinseln«, einer Besonderheit von Megacitys, in denen die künstliche Erwärmung durch Auto- und Industrieabgase einen lokalen Treibhauseffekt bewirkt. In den letzten hundert Jahren haben in Tokio die Temperaturen fünfmal schneller zugenommen als die globale Erwärmung.

Vor einem Jahrhundert gab es in Tokio jährlich höchstens fünf tropische Nächte. Mittlerweile sind es 40 Nächte; und im Winter sinken die Temperaturen nachts selten unter den Gefrierpunkt. Die herbstliche Laubfärbung beginnt jetzt Mitte Dezember statt Ende November, und die Kirschblüte setzt jedes Jahr früher ein.

Mit dem zu erwartenden Anstieg der globalen Temperaturen wird die Hitze in großen Städten wie Tokio weiter zunehmen. Als Folge dürften mehr Menschen an Hitzschlag und Atemwegserkrankungen leiden, und die Jahreszeiten werden sich ebenso verändern wie das Leben in der Stadt.

Trotz des eindrucksvollen Schauspiels der jährlichen Kirschblüte gibt es in Tokio wenig Grün. Nur 14 Prozent des Zentrums von Tokio sind Grünflächen – weniger als in New York, London oder Berlin. In dieser dicht bebauten Stadt haben die Japaner eine unübliche Lösung gefunden: Dachgärten.

In den letzten Jahren gab es die reinste Dachgarten-Explosion in Tokio. Seit 2001 ist es Vorschrift, mindestens 20 Prozent der Dachflächen aller mittelgroßen Gebäude als Garten anzulegen. Die Pflanzen wirken kühlend und schenken den Bewohnern den Duft von Erdboden und frischem Gras. Manchmal werden sogar Gemüse und Feldfrüchte wie Süßkartoffeln auf den Dächern riesiger Gebäude angebaut. So ist eine ganz neue Sparte städtischer Landwirtschaft entstanden.

Grüße aus der Arktis

11. *Nordpol · Nordpolarmeer*

Vor nicht allzu langer Zeit war das Nordpolarmeer noch unerschlossen. Fehlende Kenntnisse darüber, was nördlich der sich verschiebenden Eisbarrieren liegen mochte, führten zu Mutmaßungen und Spekulationen sowie dem anhaltenden Gerücht von einem »offenen Polarmeer«. Doch als sich die Forscher langsam zum Pol vorarbeiteten, wurde klar, dass die Eisdecke massiv war und ganzjährig bestand.

Das Nordpolarmeer ist ein fast kreisrundes Becken mit einer Fläche von etwa 14 056 000 Quadratkilometern am »Ende der Welt«, umgeben von den Landmassen Eurasiens, Nordamerikas und Grönlands sowie zahlreichen kleinen Inseln.

Der norwegische Forscher Fridtjof Nansen durchfuhr als erster Mensch das Nordpolarmeer. Er verbrachte über drei Jahre hier, von 1893 bis 1896, erreichte aber nicht den Nordpol auf 90° nördlicher Breite, sondern gelangte nur bis auf 86° 14' N. Das

war jedoch weiter, als man bis dahin jemals gekommen war. Über 70 Jahre sollte es dauern, bis eine Hundeschlitten-Expedition unter Leitung des britischen Polarforschers Sir Wally Herbert das gesamte zugefrorene Nordpolarmeer von Alaska bis Spitzbergen überquerte und im April 1969 den nördlichsten Punkt der Erde erreichte. Diese Expedition über 5800 Kilometer gilt als »die letzte große Entdeckungsreise auf der Erde«.

Jeden Sommer bricht das Eis des Nordpolarmeers auf und schmilzt teilweise. Im letzten Jahrzehnt hat infolge der globalen Erwärmung die sommerliche Schmelze am Nordpol alle Rekorde gebrochen, die Eisdecke des Meeres zog sich schneller zurück als vorhergesagt. Wenn diese Entwicklung anhält, ist es möglich, dass bereits 2013 der Nordpol im Sommer völlig eisfrei sein wird.

Derzeit hat keiner der fünf Anliegerstaaten des Nordpolarmeers – Russland, Norwegen, Grönland (Dänemark), Kanada und die USA – Anrecht auf die Polarregion. Man nimmt an, dass sich in der Gegend bedeutende Öl-, Gas- und Mineralvorkommen befinden. Wenn das Meereis schmilzt und der Meeresboden zugänglich ist, wird es Streit darüber geben, wer Anspruch auf diese Ressourcen hat – Streit, der zu Konflikten führen könnte.

Die natürlichen Barrikaden von Louisiana

Von seiner Quelle im Itascasee in Minnesota fließt der Mississippi über 3700 Kilometer weit nach Süden, bis er Louisiana erreicht, wo er in den Golf von Mexiko mündet. Hier breitet sich das Mississippidelta aus, eine 25000 Quadratkilometer große feuchte, subtropische Landschaft mit Flussläufen, Süß- und Salzwassersümpfen und lief liegenden Barriereinseln, die den Lebensraum für vielerlei Vogel-, Fisch-, Schalentier- und kleine Säugetierarten bilden.

Etwa 1,2 Millionen Menschen leben in New Orleans an den Ufern des Mississippi. Im Durchschnitt liegt die Stadt einen halben Meter tiefer als das Meeresniveau. Das reiche Flussdelta hat für New Orleans einen wirtschaftlichen Wert: Die Region rangiert an zweiter Stelle bei den Fischereierträgen der USA und bestreitet 16 bis 18 Prozent der nationalen Ölversorgung.

Am Rande des Deltas, am östlichsten Punkt des Staates Louisiana, liegen in einer halbmondförmigen Kette die Chandeleur-Inseln. Diese Inseln verändern ihre Form unter dem Einfluss von Wind, Tropenstürmen und Gezeiten und bilden eine dynamische Landschaft, in der gefährdete Arten wie etwa der Braunpelikan beheimatet sind. Präsident Theodore Roosevelt engagierte sich während seiner Amtszeit von 1901 bis 1909 besonders für die Erhaltung dieser Inselwildnis.

Zusammen mit den Feuchtgebieten des Deltas stellen die Chandeleur-Inseln für dicht besiedelte Gebiete Louisianas eine Pufferzone gegen Hurrikane und Sturmfluten dar. Die Gewalt der Stürme an den Atlantik- und Golfküsten der USA hat bereits zugenommen – ganz sicher eine Folge des Klimawandels. 2005 verkleinerte der Hurrikan Katrina die Chandeleurs um die Hälfte; auch große Teile der Feucht- und Sumpfgebiete gingen verloren. Stürme und Hurrikane werden in Zukunft noch viel heftiger werden.

Zu allem Übel hat der durch die globale Erwärmung verursachte Anstieg des Meeresspiegels die mögliche Erholung der Küstengebiete verlangsamt, sodass das Festland von Louisiana umso mehr Überflutungen ausgesetzt ist – mit katastrophalen Folgen für die Ökosysteme und die Menschen dieses Staates.

r/Getty Images

Anup Shah/Getty Images

Schauplatz der größten und längsten Tiermigration

Die Savannen Masai Mara in Kenia und Serengeti in Tansania bilden auf einer Gesamtfläche von etwa 25 000 Quadratkilometern einen einzigartigen Lebensraum. Das Ökosystem Serengeti-Mara ist der Schauplatz der größten, vielfältigsten Wanderungen wild lebender Weidetiere auf der Erde, darunter 1,3 Millionen Gnus.

Jedes Jahr im Juli wandern die Gnus zusammen mit großen Herden von Zebras und Gazellen von den Steppen der Serengeti nach Norden zu den frischen, grünen Weiden der Masai Mara. Die großen Streifengnus gewähren Schutz vor allen Arten hungriger Raubtiere – Löwen, Geparden und Leoparden –, die unweigerlich auf solch wogende Massen von Pflanzenfressern Jagd machen. Hyänen, Marabus und andere Aasfresser sind auf der Suche nach Überresten.

Im Oktober wendet sich die gesamte Karawane wandernder Tiere unter Führung der Gnus wieder nach Süden der Serengeti zu.

Das Gebiet Serengeti-Mara ist mittlerweile ein Nationalpark. Da er von städtischen Siedlungen und privatem Farmland umgeben ist, besteht keine Möglichkeit einer Erweiterung.

Die grünen Weiden brauchen saisonale Regenfälle, aber die gegenwärtigen Aussichten auf den Klimawandel lassen eine Änderung der Niederschlagsverhältnisse in der Region erwarten. Es ist unmöglich, mit Sicherheit vorauszusagen, wo es in der Zukunft Regen geben wird, wohl aber zum größten Teil außerhalb des Naturschutzgebietes Serengeti-Mara. Jede Veränderung der Natur würde hier eine ernste Bedrohung für das Ökosystem und das Überleben der wandernden Tiere darstellen.

Eine empfindliche Schicht trennt die Erde vom umgebenden Weltraum. Die Erde ist in eine dünne Haut aus Wasser und Luft gehüllt, die zusammen Ozeane und Atmosphäre bilden. »Klima« beschreibt die Prozesse, die sich innerhalb dieser dünnen Schichten abspielen. Wenn die Erde die Größe einer Grapefruit hätte, wäre die Atmosphäre nur einen Millimeter dick – ebenso wie die kalte, zerbrechliche Schale der Erdoberfläche.

Eine vier Milliarden Jahre alte Heizkostenabrechnung

MINIK ROSING, PROFESSOR FÜR GEOLOGIE
AN DER UNIVERSITÄT KOPENHAGEN

Eine empfindliche Schicht trennt die Erde vom umgebenden Weltraum

Die Erde ist in eine dünne Haut aus Wasser und Luft gehüllt, die zusammen Ozeane und Atmosphäre bilden. »Klima« beschreibt die Prozesse, die sich innerhalb dieser dünnen Schichten abspielen. Wenn die Erde die Größe einer Grapefruit hätte, wäre die Atmosphäre nur einen Millimeter dick – ebenso wie die kalte, zerbrechliche Schale der Erdoberfläche. Nahezu alles, was sich auf uns auswirkt, geschieht in diesem schmalen Bereich zwischen der Kälte des Weltraums und dem glühend heißen Erdinneren. Je höher man kommt, desto dünner wird die Atmosphäre, folglich befinden sich 80 Prozent der Luft unterhalb einer Höhe von zwölf Kilometern. In dieser Zone bilden sich Regen, Hagel und Schnee, hier verlaufen die großen Windströmungen. Dieser wichtige Teil der Erdatmosphäre würde nur 0,1 Millimeter unseres verkleinerten Modells der Erde ausmachen, und die Meere wären durchschnittlich 0,03 Millimeter tief. Wenn uns auch der Himmel noch so hoch vorkommt, so sind die Atmosphäre und die Ozeane doch nur dünne, verletzliche, kostbare Schichten, die die Erde vom kalten, leeren Weltraum trennen.

Die Kreisläufe der Erde

Die Tatsache, dass Atmosphäre und Ozeane nur einen so kleinen Teil unseres Planeten ausmachen, bedeutet, dass ihre Zusammensetzung und die Vorgänge in ihnen zu einem großen Teil durch die darunter liegende Erde bestimmt werden. Wasser und Gase, die sich in der Luft befinden, werden, in Mineralien eingeschlossen, durch geologische Vorgänge in das Erdinnere befördert und dann wiederum durch Vulkane und heiße Quellen in die Atmosphäre freigesetzt. Diese Prozesse verlaufen extrem langsam und gestatten eine geologische Beobachtung der Atmosphäre und der Meere über sehr lange Zeitspannen. Das gesamte Wasser der Ozeane wird alle hundert Millionen Jahre durch das Erdinnere wiederaufbereitet.

Das CO_2 der Atmosphäre gelangt in ähnliche geologische Kreisläufe und zirkuliert zwischen der Atmosphäre, den Meeren und der festen Erde in Zeiträumen von Tausenden Millionen von Jahren. Die Bestandteile der Atmosphäre werden jedoch auch in biologische Vorgänge einbezogen, etwa wenn wir Sauerstoff ein- und CO_2 ausatmen. Bei der Fotosynthese wird CO_2 in organische Stoffe eingebaut, die sich später zersetzen und CO_2 an die Atmosphäre freigeben. Die biologischen Prozesse laufen schneller ab als die geologischen: der biologische Kohlenstoffkreislauf sogar tausendmal schneller als der geologische. Biologische Vorgänge können sich deshalb innerhalb kurzer Zeitspannen auf die Zusammensetzung der Atmosphäre und der Ozeane auswirken.

Wir Menschen haben entdeckt, wie wir den geologischen Kohlenstoffkreislauf kurzschließen und die in den geologischen Lagern von Kohle, Gas und Öl eingeschlossene Energie freisetzen können, wobei CO_2 direkt an die Atmosphäre abgegeben wird. Unsere CO_2-Abgase folgen biologischen Zeitabläufen, während die Entfernung von CO_2 aus der Atmosphäre und den Ozeanen nach wie vor geologischen Zeitabläufen unterliegt. Deshalb erfolgt die Nutzung fossiler Brennstoffe nicht im Gleichtakt mit den geologischen Mechanismen der CO_2-Bindung und führt zur dramatischen Zunahme der CO_2-Konzentration in der Atmosphäre.

Der lebenswichtige Treibhauseffekt

Trotz der hohen Temperaturen im Erdinneren erreicht nur ein Bruchteil davon die Erdoberfläche, da Gestein ein sehr schlechter Wärmeleiter ist. Deshalb sind die Temperaturen in der Tiefe nicht die Folge starker Erhitzung, sondern der Tatsache, dass die minimale Hitze, die erzeugt wird, nicht durch die harte Erdkruste an die Oberfläche gelangen kann. So wird die Erdoberfläche hauptsächlich von der Sonne erwärmt. Das Sonnenlicht, das einen Quadratmeter Boden erreicht, liefert in einer Stunde genauso viel Wärme, wie dieselbe Fläche innerhalb eines ganzen Jahres aus dem Erdinneren erhält.

Etwa ein Drittel des Lichts, das auf die Erde trifft, wird in das All reflektiert, der Rest von der Erdoberfläche, der Atmosphäre und den Meeren absorbiert und in Wärme umgewandelt. Alle warmen Objekte einschließlich der Planeten strahlen Wärme an ihre Umgebung ab. Je wärmer ein Objekt ist, desto mehr Wärme gibt es ab. Ein einfaches physikalisches Gesetz benennt die Temperatur, bei der eine Balance der Wärmestrahlung erreicht wird. Auf der Erde beträgt sie -18 °C. Für jene, die nicht an den Treibhauseffekt glauben wollen (der – wie die Schwerkraft – keine Glaubenssache, sondern eine physikalische Erscheinung ist), mag die Erkenntnis ernüchternd sein, dass die Erde ohne ihn tiefgefroren wäre.

Die Durchschnittstemperatur an der Erdoberfläche beträgt 15 °C, sie liegt also 33 °C über der Wärmestrahlungsbalance. Bereits 1896 zeigte der schwedische Chemiker Svante Arrhenius, dass diese erhöhte Temperatur durch Spuren einiger Gase verursacht wird, die die Wärmeabstrahlung von der Erdoberfläche einschränken. Er nannte die Erscheinung »Treibhauseffekt« und zeigte, dass dieser zum größten Teil von einer ganz geringen Menge CO_2 hervorgerufen wird – gerade einmal 0,03 Prozent.

Die Zusammensetzung unserer Atmosphäre lässt das Sonnenlicht ungehindert zur Erdoberfläche vordringen, wo es größtenteils in Wärme umgewandelt wird. Für die Wärmeabgabe durch Strahlung ist die Atmosphäre jedoch nicht vollends durchlässig, weil CO_2, Wasserdampf und Methan Wärme absorbieren und in der unteren Atmosphäre festhalten. Das bedeutet, dass die von der Strahlungsbalance her anzunehmende Gleichgewichtstemperatur von -18 °C nicht an der Erdoberfläche, sondern in ein paar Kilometern Höhe besteht, wo die Luft dünn genug ist, um die Wärmeabstrahlung durchzulassen. Die Atmosphäre darunter wirkt wie eine Wärmedecke, die die Erdoberfläche vor der Kälte des Weltraums schützt. Der Treibhauseffekt ist deshalb eine Voraussetzung für das Leben auf der Erde.

Vor hundert Jahren erkannte Arrhenius bereits die Auswirkungen des Heizens mit fossilen Brennstoffen (damals war es Kohle). Er wies darauf hin, dass die zunehmende Industrialisierung zu höheren CO_2-Konzentrationen in der Atmosphäre und folglich in der Zukunft zu höheren Temperaturen führen würde. Dieser Zusammenhang zwischen dem CO_2-Gehalt der Atmosphäre und der Temperatur der Erdoberfläche ist also seit über einem Jahrhundert bekannt.

Die Ozeane und das Erdklima

Wie wir alle wissen, bedeutet Klima nicht nur Temperatur. Neben der Erwärmung der Atmosphäre gibt es viele andere Vorgänge, die jene Wärme verbrauchen, die an der Erdoberfläche entsteht. Ein großer Teil davon erwärmt die Ozeane. Die Masse, die die Meere bilden, ist 260-mal so groß wie die Masse der Atmosphäre, deshalb können sie viel mehr Wärme aufnehmen als die Luft. Die Temperatur von einem Kilogramm Wasser zu erhöhen dauert viermal so lange wie die gleiche Erwärmung von einem Kilogramm Luft. Deshalb wird – im Vergleich zur entsprechenden Erwärmung der Atmosphäre – das Tausendfache an Wärmeenergie benötigt, um die Temperatur der Ozeane um 1 °C zu erhöhen. Ein Temperaturanstieg nur der obersten Meter des Meeres entspricht dem gleichen Anstieg in der gesamten Atmosphäre. Die Ozeane befördern Wärme aus den sonnigen Tropen in die kalten Regionen des Nordens und des Südens, und sie können Wärme jahrzehnte-, sogar jahrhundertelang speichern, bevor sie sie an der Oberfläche freigeben.

Aus diesem Grund können wir nicht erwarten, einen unmittelbaren Zusammenhang zwischen dem CO_2-Gehalt der Atmosphäre und den Oberflächentemperaturen zu erkennen. Über längere Zeiträume wird es eine klare Wechselbeziehung geben, aber beim Vergleich von Jahr zu Jahr verfälschen die Auswirkungen von Meeresströmungen, Wind und Wolken die kleinen Veränderungen der Konzentration der Treibhausgase in der Atmosphäre. Wir dürfen den Treibhauseffekt nicht unterschätzen, nur weil wir feststellen, dass – obwohl wir in einer Zeit ständig wachsender Emissionen leben – einige Jahre deutlich kälter sind als die vorherigen.

Wie der Mensch auf das System der Erde wirkt

Mancher mag sich fragen, ob denn Veränderungen im Treibhauseffekt nicht ohnedies ein natürliches Element in den Abläufen auf der Erde seien. Aus geologischen Untersuchungen geht klar hervor, dass die Erde über vier Milliarden Jahre lang eine gute, wirksame Treibhausatmosphäre hatte. Ohne Zweifel hat die CO_2-Konzentration im Verlauf der Erdgeschichte stark geschwankt, und zeitweise war sie viel höher als heute. Aber zu dieser Zeit und unter diesen Bedingungen lebten noch keine Menschen auf der Erde, es gab keine komplexen Gesellschaften, die Milliarden von Menschen in jedem Winkel des Planeten zu ernähren hatten. Wenige Wissenschaftler bezweifeln, dass der CO_2-Gehalt der Atmosphäre im Zusammenhang der auftretenden und schwindenden Eiszeiten während der letzten 250 000 Jahre schwankte, als Menschen bereits über die Erde wanderten. Doch damals variierte die CO_2-Konzentration nur relativ geringfügig, während wir seit Beginn des 19. Jahrhunderts eine rapide und beschleunigte Zunahme von CO_2 in der Atmosphäre erleben.

Für das zusätzliche CO_2 ist vor allem das Verbrennen fossiler Stoffe verantwortlich, denn wir können eine charakteristische Isotopen-Zusammensetzung des Kohlenstoffs dieser Herkunft im CO_2 der Atmosphäre feststellen. Diese Beobachtung schließt vulkanische Quellen für das zusätzliche CO_2 aus. Es ist deshalb überhaupt keine Frage, dass die Zunahme von CO_2 in der Atmosphäre durch den Menschen verursacht worden ist und dass dieser Beitrag den CO_2-Gehalt stärker erhöht hat, als dies jemals während der letzten 800 000 Jahre infolge natürlicher Schwankungen der Fall war. Der gegenwärtige Anstieg ist 200-mal höher als in jenen Abschnitten der Erdgeschichte, die wir bislang messen können.

Die Tatsache, dass »2008 das kälteste Jahr des Millenniums« war, hat in der Öffentlichkeit zu einiger Verwirrung geführt, und es gab Mutmaßungen, die durch CO_2 verursachte globale Erwärmung sei damit widerlegt. Das Millennium ist aber erst neun Jahre alt, und 2008 war eines der wärmsten Jahre seit Beginn der Temperaturaufzeichnungen. Damit war es wärmer als in den 98 Jahren des vergangenen Jahrhunderts und vermutlich wärmer als in den 998 Jahren des vergangenen Jahrtausends. Die Behauptung vom »kältesten Jahr des Millenniums« muss deshalb wohl als unsachlich angesehen werden.

Klima ist die Synthese einer Vielzahl von Faktoren, und es ist gut möglich, dass mancherlei natürliche Ursachen zum gegenwärtigen Klimawandel beitragen. Doch der Energiefluss zu und von der Erde wird seit Jahrzehnten von Satelliten überwacht, und es steht fest, dass es keinen Anstieg der Energiezufuhr von der Sonne gibt. Auch wenn andere Einwirkungen neben der veränderten Konzentration der Treibhausgase nicht auszuschließen sind, bleibt die Zunahme dieser Gase der Hauptgrund für steigende Oberflächentemperaturen. Und was noch wichtiger ist: Die Auswirkungen der Treibhausgase könnten nicht einfach vernachlässigt werden, falls man noch andere Faktoren entdeckt. Wenn sich herausstellt, dass auch natürliche Ursachen den Temperaturanstieg auf unserem Planeten bewirken, ist es umso wichtiger, dass wir das einzige Steuerinstrument nutzen, über das wir verfügen: unseren Ausstoß von Treibhausgasen.

Das Klima – wird es besser oder schlechter?

Wann also tritt die Klimakatastrophe ein? Eigentlich kann man Begriffe wie »gut« oder »schlecht« nicht auf das Klima anwenden. Jede Zivilisation wird Veränderungen, die zum Aufstieg ihrer besonderen – und besonders großen – Gesellschaft geführt haben, als Klimaverbesserung betrachten. Im Gegensatz dazu dürfte die vorhergehende Kultur die gleichen Klimaveränderungen, die zu ihrem Niedergang beitrugen, als Klimakrise erfahren haben. Zu jeder Zeit bedeuten jedoch schnelle Veränderungen der Umweltbedingungen für das Leben und insbesondere die menschlichen Gesellschaften eine Belastung.

In unserer gegenwärtigen Situation bildet das Tempo des Klimawandels die Wurzel des Problems. Wenn sich unsere Lebensbedingungen schneller verändern, als wir uns ihnen anpassen können, werden sich unsere Gesellschaften verausgaben, weil wir einen Großteil unserer Kräfte für die Anpassung aufbringen müssen. Infolge der heutigen Bevölkerungsdichte auf der Erde können wir nicht einfach umsiedeln, wenn das Klima in unserer Region unser Leben zu sehr strapaziert. Vielleicht widerfahren uns nicht gleich ausgeprägte Klimakatastrophen, aber gewiss werden wir uns mit zunehmend beschwerlichen und schwierigen Lebensumständen abmühen müssen und dabei immer mehr die Grundwerte unserer Kulturen verlieren.

14. *Olympia · Griechenland*

Ein Ort, an dem sich Götter und Athleten begegnen

Ruinen beeindruckender Tempel sind überall in der griechischen Landschaft zu finden und zeugen von der herausragenden Stellung des antiken Griechenland. Auf der südgriechischen Halbinsel Peloponnes liegt das Tal von Olympia, ein Sammelbecken von Heiligtümern und Wettkampfstätten sowie Austragungsort der antiken Olympischen Spiele.

Das früheste Zeugnis baulicher Tätigkeit an diesem Ort ist der Hera-Tempel zu Ehren der Gemahlin des Zeus, der um 600 v. Chr. entstand. Olympias Goldenes Zeitalter war im 5. und 4. vorchristlichen Jahrhundert, als der beeindruckende Zeus-Tempel gebaut wurde. Fundamente und Säulen beider Tempel, die jetzt im Schatten von blühenden Bäumen liegen, sind ebenso wie die antiken Bäder und Stadien von Olympia restauriert worden.

Die ersten Olympischen Spiele sollen hier 776 v. Chr. stattgefunden haben. Sie waren den Göttern gewidmet; Athleten, die mit ihren sportlichen Leistungen die Zuschauermengen zu begeistern vermochten, erlangten Unsterblichkeit. Die Spiele wurden fast zwölf Jahrhunderte lang abgehalten, bis der christliche römische Kaiser Theodosius I. im Jahr 393 n. Chr. alle »heidnischen Zeremonien« untersagte. Noch heute wird die olympische Fackel im Hera-Tempel entzündet und in die jeweilige Gastgeberstadt der modernen Olympischen Spiele getragen.

In den letzten Jahren haben sehr warme und trockene Sommer zu mehr Flächenbränden in Griechenland geführt. Besonders schwere Schäden entstanden 2007, als drei lange Hitzewellen verheerende Brände auslösten, die Wald- und Landwirtschaftsgebiete vernichteten, Dörfer zerstörten und 64 Menschen das Leben kosteten.

Auch die Gegend um Olympia wurde 2007 schwer geschädigt, aber die archäologischen Stätten blieben vorerst unversehrt. Mit weiter steigenden Temperaturen und geringeren Regenfällen erhöht der Klimawandel die Gefahr häufiger und größerer Brände. Die Frage ist dann: Wie lange wird eine der wichtigsten Stätten abendländischen Kulturerbes noch bestehen?

Connie Coleman/Getty Images

Die Wiege des italienischen Reisanbaus

15. *Principato di Lucedio · Poebene, Italien*

Die weite Poebene in Norditalien wird seit den Zeiten der alten Etrusker und Römer landwirtschaftlich genutzt. Der mächtige Strom des Po und seine 25 Nebenflüsse, die alle von den Gletschern der Alpen gespeist werden, bewässern die Ebene, die als Kornkammer Italiens gilt.

Seit dem Mittelalter verteilt ein ausgedehntes Bewässerungssystem von Kanälen das Wasser der Flüsse fast über das ganze ausgedehnte Tiefland.

Italien ist der größte Reisproduzent Europas und Reis das wichtigste Getreide der Poebene, wo die Einheimischen mehr Risotto als Pasta essen. Es werden aber auch andere Feldfrüchte hier angebaut: Sojabohnen, Mais und Weizen.

William Albert Allard / Getty Images

Das Kloster Lucedio, das 1124 von Zisterziensermönchen in der Region Piemont gegründet wurde, ist die Wiege des italienischen Reisanbaus. Hier nämlich wurde der Reis im 15. Jahrhundert in Italien heimisch gemacht. Der ursprüngliche achteckige Glockenturm aus der Zeit um etwa 1200 findet sich noch immer an der Stelle der alten Abtei neben den Renaissance- und Barockbauten, die sich in dem Wasserreservoir spiegeln, das durch Dämme im Fluss aufgestaut wurde, um Wasser für den modernen Reisanbau bereitzuhalten.

Über zwei Jahrhunderte lang war das Gut im Besitz verschiedener italienischer Aristokraten, darunter Napoleons Schwager, Fürst Camillo Borghese. Jetzt heißt es Principato di Lucedio (Fürstliches Gut Lucedio).

Der Reisanbau in der Poebene hängt ganz entscheidend vom Wasser ab. Es ist vorauszusehen, dass die Alpengletscher schrumpfen, die jährlichen Regenmengen sich verringern und die Temperaturen steigen werden, was den Wasserstrom im Po und seinen Nebenflüssen beeinträchtigen und den Anbau von Reis und anderen lebenswichtigen Agrarprodukten in diesem Tal gefährden dürfte.

Die Urheimat des Apfels

16. *Tian Shan · Kasachstan*

Bauern und Viehzüchter in den nördlichen Ebenen zu Füßen der Tian-Shan-Gebirgskette in Kasachstan sind seit 3000 Jahren auf das Schmelzwasser von den Gletschern Zentralasiens angewiesen.

Im 10. Jahrhundert wurde die heutige Stadt Almaty (Alma-Ata) als Siedlung am nördlichen Zweig der alten Handelsroute, der Seidenstraße, gegründet. Der Name leitet sich vom kasachischen Wort für »Apfel« ab, denn diese Gegend mit ihrer großen Vielfalt wilder Apfelsorten gilt als Stammheimat unserer heutigen Gartenäpfel.

Almaty ist mit 1,3 Millionen Einwohnern die größte Stadt Kasachstans und als Region das wirtschaftliche Zentrum des Landes, das 20 Prozent der Industrieproduktion und 30 Prozent der landwirtschaftlichen Erträge hervorbringt. Die Wasserversorgung der gesamten Gegend wird von den Gletschern auf der Nordseite der sich über 2000 Kilometer ausdehnenden Tian-Shan-Gebirgskette gespeist, die zu Teilen in Kasachstan, Kirgisistan und China liegt. Millionen von Menschen in drei Ländern sind mit ihrer Trinkwasserversorgung, den Bewässerungsanlagen und der Industrieproduktion vom Schmelzwasser der Gletscher abhängig.

In den letzten 50 Jahren haben die Gletscher infolge eines geringen, aber stetigen Anstiegs der mittleren Jahrestemperaturen 36 Prozent ihrer Masse verloren. Wenn die Temperaturen mit der globalen Erwärmung weiter steigen, wird sich diese traurige Entwicklung beschleunigen. Auf lange Sicht wird es zu einer bedrohlichen Verringerung des Schmelzwassers der Gletscher kommen.

Gleichzeitig nimmt der Wasserbedarf in der dynamisch wachsenden Gegend schnell zu. Jeder Rückgang der verfügbaren Wassermengen gefährdet nicht nur Kasachstans landwirtschaftliche und industrielle Entwicklung. Viele der schwindenden Flüsse und Gletscher verlaufen über Staatsgrenzen, deshalb würde sich der Kampf um die knappen Ressourcen verschärfen – das politische Gleichgewicht der gesamten Region wäre gefährdet.

Paul Nicklen/Getty Images

Die Heimat eines lebenden Urzeittieres

Weit im Norden, in der Hocharktis, lebt eines der ältesten Säugetiere der Erde: der Moschusochse.

Der Moschusochse ist näher mit Schaf und Ziege verwandt als mit dem Rind, sein lateinischer Artname *Ovibos* bedeutet »Schafsochse«. Die Inuit in Grönland nennen ihn *úmimmak*, das »Tier mit dem bärtigen Fell«, weil ihn dicke, zottige Fellschichten vor Wind und Kälte schützen.

Der Moschusochse ist hier heimisch und lebt in Herden. Werden die Tiere bedroht, bilden sie einen Kreis, um sich und ihre Kälber zu schützen und Angreifer abzuschrecken. Im Sommer, bei Höchsttemperaturen um die 10 °C, ernähren sie sich von der kargen, fünf bis sechs Zentimeter niedrigen Vegetationsdecke. Im Winter, bei Temperaturen bis -35 °C, benützen die Moschusochsen ihre Hufe, um hohen Schnee und Eis wegzuscharren und an Futter zu gelangen.

Der Klimawandel wird wohl stärkere Temperaturschwankungen verursachen, und auch im Frühjahr und Herbst werden sich Eisschichten auf der Vegetation bilden.

Höhere Temperaturen hätten eine Steigerung der jährlichen Niederschlagsrate um 20 Prozent zur Folge, im Winter sogar um 30 bis 50 Prozent, wodurch die Schneehöhe um 10 bis 25 Prozent anwachsen könnte.

Mehr Schnee und häufigere Eisbildung würden es den Moschusochsen sehr erschweren, Nahrung zu finden. Größere Schneemassen könnten zudem den Beginn der Wachstumsperiode verzögern, und die Vegetation würde noch spärlicher wachsen.

Ein Schmelztiegel der Kulturen

Die Küstenstadt Recife liegt nahe am Äquator und erfreut sich eines ganzjährig warmen Klimas und sanfter Passatwinde vom Atlantik. Recife ist die bedeutendste Hafen-, Handels- und Industriestadt Nordostbrasiliens und als »brasilianisches Venedig« dank seines angenehmen Wetters und der 187 Kilometer langen weißen Strände in der Umgebung ein bevorzugtes Touristenziel.

Die Geschichte der Stadt als eine der ersten portugiesischen Kolonien in Brasilien und eines Haupthafens des Sklavenhandels hat untilgbare Spuren hinterlassen. Heute ist Recife ein Schmelztiegel der Kulturen mit einer ethnischen Mischung von Indios, Europäern und Afrikanern. Die afrikanische Kultur drückt sich vor allem in der Religiosität, in Musik und Tanz und in der Küche aus. Während der holländischen Kolonialzeit zwischen 1630 und 1654 entstand in Recife die erste jüdische Gemeinde mit der ersten Synagoge ganz Amerikas. Einige der frühen jüdischen Siedler flohen später nach Nordamerika und gründeten die erste jüdische Gemeinde in Neu-Amsterdam – dem heutigen New York.

Eine Kette von Korallenriffen schützt den Strand und gibt der Stadt ihren Namen – Recife ist das portugiesische Wort für »Riff«. Bei Flut sind die Riffe vom Wasser bedeckt, aber bei Ebbe bilden sich entlang der Uferlinie natürliche Lagunen. Landeinwärts ist Recife dank seiner Lage an den Mündungen der Flüsse Beberibe und Capibaribe von Wasserläufen durchzogen.

Wegen seiner flachen Strände und dichten Küstenbebauung ist Recife – wie Rio de Janeiro und Buenos Aires – in höchstem Maße anfällig für steigende Meeresspiegel und extreme Wetterereignisse wie Zyklone und Sturmfluten. Jeder Anstieg der Oberflächentemperatur des Meeres kann, verbunden mit der zunehmenden Versauerung des Ozeans, die natürlichen Barrieren vor Recife – die Korallenriffe – schädigen und die Stadt um so schutzloser Überflutungen aussetzen.

Andy Caulfield / Getty Images

Daryl Benson/Getty Images

Olivenhaine in maurischer Landschaft

Unterhalb der Überreste einer mittelalterlichen Maurenfestung in der südspanischen Region Andalusien liegt – umgeben von üppigen grünen Weiden und Olivenhainen – das Dorf Zahara de la Sierra, eines der berühmten* pueblos blancos*, der »weißen Dörfer« Andalusiens.

Seit Jahrhunderten sind Oliven die wichtigste Kulturpflanze dieser Region. Auf 1,6 Millionen Hektar Land in den Tälern und an den Hängen der hügeligen Landschaft stehen Olivenbäume.

Die Wälder und Berge haben eine vielfältige Tier- und Pflanzenwelt, darunter viele seltene Arten. Seit Beginn der Menschheitsgeschichte ist die Gegend bewohnt, wie die berühmten Höhlenmalereien von La Pileta bezeugen.

Infolge des globalen Klimawandels geht man von einem Nachlassen der jährlichen Regenmenge um bis zu 40 Prozent aus, während die Temperaturen bis zum Ende unseres Jahrhunderts um 4 °C steigen könnten. Mit anderen Worten: Andalusien und andere Teile der Iberischen Halbinsel wären dann von der Gefahr der Desertifikation bedroht; Olivenhaine würden verschwinden und grüne Weiden zu öden Wüsten verkümmern, die Agrarwirtschaft wäre vom Niedergang bedroht.

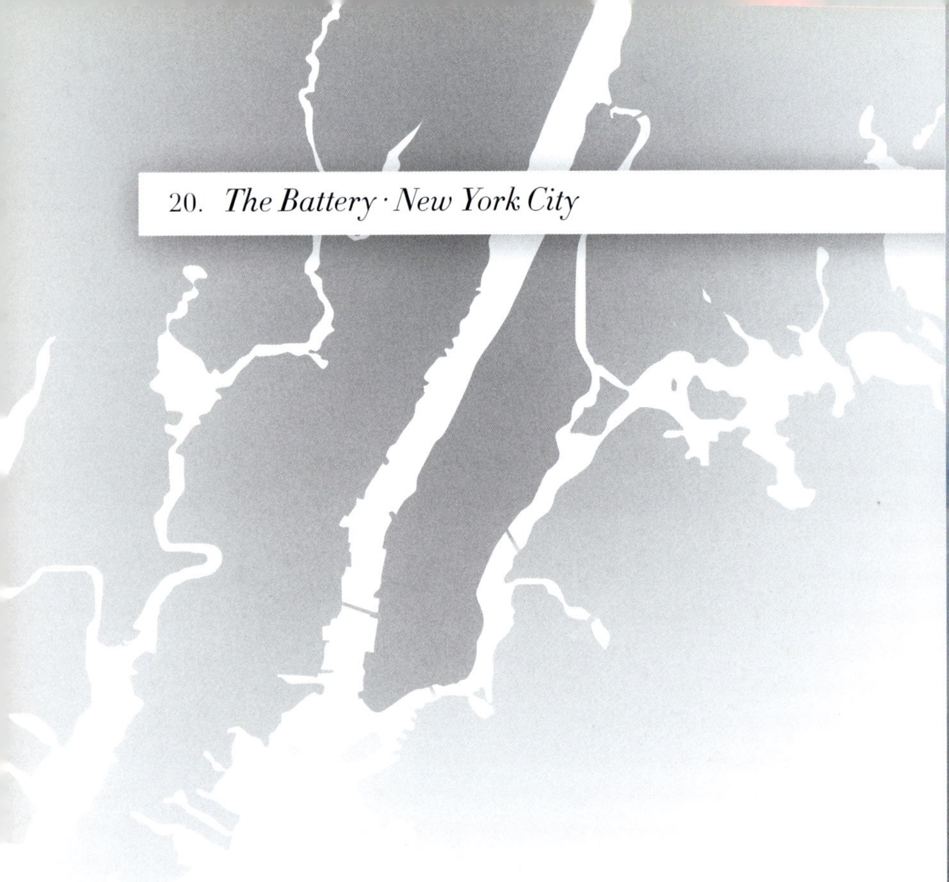

Die Wiege von New York

New York City steht auf einem tief liegenden, den Gezeiten ausgesetzten Gelände, wo der Hudson River in einen natürlichen Hafen mündet, bevor er den Atlantik erreicht. Die küstennahe Lage hat für das Wachstum und die Wirtschaft der Stadt stets eine Rolle gespielt.

Das südliche Ufer der Insel Manhattan heißt »The Battery« und ist seit dem 17. Jahrhundert eine beliebte Promenade. Der Name stammt von der Batterie der holländischen und später britischen Artillerie, die früher ihre Geschütze hier stationiert hatte, um den Hafen zu verteidigen.

The Battery ist der größte öffentliche Raum im Stadtzentrum von New York. Über 280 000 Menschen arbeiten ganz in der Nähe, und mehr als 36 000 Anwohner leben in der Umgebung. Hier befindet sich auch der bezaubernde Battery Park.

Etwa alle hundert Jahre wird die Gegend von schweren Überflutungen mit bis zu drei Metern Wasserhöhe heimgesucht. Durch den Klimawandel dürften Stürme und Hurrikane aus Nordost häufiger auftreten und der Meeresspiegel ansteigen. Im schlimmsten Fall könnten bis zum Jahr 2080 solch extreme Wettersituationen alle vier Jahre eintreten, der Wasserpegel könnte um 3,35 bis 4,25 Meter ansteigen und die Infrastruktur von ganz Manhattan paralysieren.

Michael S. Yamashita/Getty Images

New York ist eine der bedeutendsten Finanz-, Wirtschafts- und Kulturmetropolen der Welt. Die Stadt platzte schon 1865, am Ende des Bürgerkrieges, aus allen Nähten, als New York der Ankunftshafen all der europäischen Einwanderer war, die hier auf der Suche nach einem besseren Leben an Land gingen. Bis heute wimmelt es in dieser überaus vielseitigen und kosmopolitischen Stadt von Menschen aller Nationalitäten und Ethnien.

New York hat – nach der Länge des Streckennetzes und der Zahl der Stationen – das größte U-Bahn-Netz der Welt. Die Menschen Manhattans benutzen lieber öffentliche Verkehrsmittel, als mit dem Auto zu fahren. Während nur fünf Prozent aller Amerikaner mit öffentlichen Verkehrsmitteln zur Arbeit kommen, sind es in Manhattan 72 Prozent. Im Jahr 2000 hatten über 75 Prozent der Haushalte in Manhattan nicht einmal ein Auto.

Ira Block / Getty Images

Siegfried Layda/Getty Images

Gefahr durch tauenden Permafrost

Die Region North Slope ist ein riesiges Permafrostgebiet im nördlichsten Teil Alaskas. Wald und Tundra bedecken das Land, Flüsse schlängeln sich von der Brookskette zur Beaufortsee des Nordpolarmeers. Auch wenn die Fläche fast so groß ist wie die der »alten« deutschen Bundesländer, leben hier nur 7300 ständige Bewohner.

North Slope besitzt nicht nur eine großartige Landschaft und Tierwelt mit Karibus, Eisbären und Polarfüchsen, sondern auch das größte Ölfeld Nordamerikas. 5000 Wanderarbeiter sind an der Prudhoe Bay am Rande der Beaufortsee beschäftigt, wo täglich 650 000 Barrel Öl gefördert werden. Von hier transportiert die Trans-Alaska-Pipeline das Öl quer durch den Staat Alaska nach Süden zum Hafen von Valdez.

Das Auftauen des Permafrosts stellt für die Gegend eine ernste Bedrohung dar. Die »aktive« Schicht des Dauerfrostbodens – jener Teil, der im Winter einfriert und im Sommer auftaut und auf dem Vegetation wachsen kann – ist ein paar Zentimeter bis über einen Meter tief. Im letzten Vierteljahrhundert ist die aktive Schicht infolge steigender Temperaturen mächtiger geworden. Sie greift jetzt auf die dauerhaft gefrorenen Ablagerungen von Eis, Erdreich, Steinen und organischem Material über, die die tragfähige Grundlage der ganzen Gegend bilden.

Ein weiterer Anstieg der Temperaturen infolge der globalen Erwärmung dürfte die aktive Schicht noch tiefer werden lassen und den Dauerfrostboden auflösen. Wenn das geschieht, würden sowohl Wälder als auch menschliche Bauten im Boden versinken.

Wenn die tieferen Schichten des Permafrostbodens tauen, könnte außerdem organisches Material, das seit Jahrtausenden gefroren war, freigesetzt werden und Treibhausgase an die Atmosphäre abgeben, die den Klimawandel weiter vorantreiben würden.

Joel Sartore/Getty Images

Die gefrorene Vergangenheit der Goldenen Berge

Im zentralasiatischen Altai ziehen sich 20 Meter hohe Hügelgräber (Kurgane) durch die südsibirische Steppe. Die Kurgane sind die weltweit einzigen dauerhaft gefrorenen Gräber; durch den Permafrost haben sie ihre ursprüngliche Beschaffenheit bewahrt. So legen sie Zeugnis ab von den Stämmen der Skythen, eines Reitervolkes, das im ersten Jahrtausend v. Chr. die eurasischen Steppen beherrschte.

Der Altai erhebt sich dort, wo Russland, die Mongolei, China und Kasachstan zusammentreffen. Der russische Abschnitt der Gebirgskette steht wegen der Vielfalt seiner Vegetation, die von Steppe über Mischwald bis zu Alpenflora reicht, auf der Welterbeliste der UNESCO. *Altai* bedeutet »Goldene Berge« – ein passender Name für den Reichtum der Natur und Kultur dieser Region.

Die Skythen beherrschten das Land vom Schwarzen Meer bis zu den Steppen der Mongolei. Sie waren Viehhirten und Krieger und gingen gegen feindliche Stämme mit gezähnten, vergifteten Pfeilen vor. Junge, unverheiratete Frauen kämpften an der Seite der Männer, ähnlich gekleidet wie diese.

Untersuchungen an Kurganen förderten Goldgegenstände, Waffen sowie Tier- und Menschenopfer zutage, alle in bestem Erhaltungszustand. Sogar organisches Material wie Seide, Wolle und Leder war ebenso unversehrt erhalten wie mumifizierte menschliche Leichname. In einem Kurgan entdeckten Forscher den schön tätowierten Körper einer Frau, die eine Seidenbluse trug und später die »sibirische Eisprinzessin« genannt wurde.

Der Schlüssel zur skythischen Kultur liegt in den gefrorenen Gräbern der Goldenen Berge. Viele der Kurgane finden sich in einer Gegend, wo der Permafrost instabil geworden ist; dabei sind sie äußerst anfällig für steigende Temperaturen. In den letzten hundert Jahren stiegen die Temperaturen um 1 bis 2 °C, ein weiterer deutlicher Rückgang des Permafrosts wird für die Mitte unseres Jahrhunderts erwartet. Wenn der Permafrostboden auftaut, werden auch ein einmaliger natürlicher Lebensraum und sein einzigartiges kulturelles Erbe dahinschwinden.

Sisse Brimberg/Getty Images

23. *Kakadu-Nationalpark · Australien*

Eine lebendige Kulturlandschaft

Aborigine-Clans bewohnen das Land von Kakadu im Norden Australiens seit mehr als 50 000 Jahren. Der Kakadu-Nationalpark ist wegen seiner einzigartigen Wechselwirkung zwischen Kultur und Natur berühmt, wie sie beispielhaft an den 10 000 Jahre alten Steinmalereien und der bemerkenswert vielgestaltigen Tierwelt – dank eines ebenso vielfältigen tropischen Klimas – sichtbar wird.

Die üppig grünen Feuchtgebiete von Kakadu sind die Lebensgrundlage für 60 Arten von Wasservögeln. Am Ende des Sommers auf der Nordhalbkugel ziehen 30 Zugvögelarten von ihren Brutplätzen in Sibirien und China hierher in das wärmere Klima der Feuchtgebiete. An den überfluteten Ebenen liegen Kajeputbaumwälder, in denen Honigsauger, Loris und andere sich von Nektar ernährende Vögel leben.

Kajeputbäume sind auch für die Aborigines lebenswichtig, die aus einem einzigen großen Stück der papierartig abblätternden Rinde ein Kanu falten.

Im Kakadu-Nationalpark leben etwa 500 Aborigines nach den Grundsätzen, die stets ihr Dasein bestimmt haben: indem sie auf das Land achten. Dabei sind sie auf die große Zahl jener Menschen angewiesen, die Jahr für Jahr die lilienbedeckten Wasserwege besuchen.

Nun stellt der Klimawandel eine ernste Herausforderung sowohl für die Lebensgrundlagen der Aborigines als auch für die reichhaltige natürliche Umwelt dar. Steigende Meeresspiegel drücken Salzwasser in die Feuchtgebiete, gefährden den Bestand der Kajeputbäume und verwandeln Teile der fruchtbaren Gegend in Salzsümpfe. Als Folge davon bleiben die Touristen aus, und viele der besonderen Vogelarten verlassen den Park – mit verheerenden Folgen für die Tierwelt der Feuchtgebiete.

DESMOND TUTU

Der Klimawandel ist die größte Bedrohung

Wenn sich so viele von uns um die Natur sorgen, warum verstärken sich die Folgen unserer Lebensweise auf die Erde trotzdem immer mehr? Warum gibt es so extreme Unterschiede im Lebensstandard? Warum haben einige so viel und andere so wenig?

Der Klimawandel ist die größte Bedrohung der Menschheit am Beginn des 21. Jahrhunderts. Wir sehen bereits die Auswirkungen – vom Schmelzen des Nordpolarmeers bis zu Überflutungen und Dürren. Am stärksten sind gerade so anfällige Entwicklungsländer wie Südafrika betroffen. 90 Prozent der Naturkatastrophen ereignen sich im Süden, wo nur drei Prozent der Menschen versichert sind – während im Norden, wo nur zehn Prozent der Katastrophen eintreten, 95 Prozent der Leute eine Versicherung haben.

Unsere Abkehr von der Natur

Wir – die Menschheit – stehen vor einem Rätsel. Nur die wenigsten von uns würden die Auslöschung von Arten oder das Leiden von Mitmenschen befürworten. Und doch erleben wir eine zunehmende Umweltzerstörung, die Millionen von Menschen, die keinen Ausweg haben, in Not und Elend stürzt.

Wenn sich so viele von uns um die Natur sorgen, warum verstärken sich die Folgen unserer Lebensweise auf die Erde trotzdem immer mehr? Warum gibt es so extreme Unterschiede im Lebensstandard? Warum haben einige so viel und andere so wenig?

Wir haben uns zeitlich und physisch von den natürlichen Lebensgrundlagen abgewendet und von den Folgen unseres Handelns für sie gelöst. Unsere Vorfahren hatten eine unmittelbare körperliche Verbindung zur Natur. Tiere mussten gefangen, getötet, heimgetragen und gehäutet werden – eine anstrengende Aufgabe. Früchte und Gemüse mussten, wenn sie wild wuchsen, gesucht oder im Anbau gehegt werden. Wegen dieser Mühen verschwendeten unsere Vorfahren möglichst wenig. Die moderne Lebensweise hat uns dieser Verbindung beraubt, ebenso des Begreifens, wie wir auf die Erde einwirken. Supermärkte und abgepackte Lebensmittel verstellen den Blick auf die Produktion unserer Nahrung. Die Folgen unseres Handelns werden weggeschoben oder verborgen; wir nehmen an, es gäbe keine Auswirkungen.

Wir müssen handeln – jeder einzelne und alle gemeinsam

Wie also kann die Menschheit das zu erwartende Leid verringern? Wir alle – jeder für sich und alle miteinander – müssen die Auswirkungen unseres Handelns auf die Welt reduzieren. Es fehlt nicht an Informationen darüber, wie das zu geschehen hat. Es muss aber von ausreichend vielen Menschen umgesetzt werden. Und das ist auch die Pflicht der Regierungschefs, wenn sie sich treffen, um neue Richtlinien für die Beschränkung des CO_2-Ausstoßes und den Kampf gegen den Klimawandel festzulegen.

Es ist ermutigend, dass sich Organisationen wie CARE International und ihre Partner für die Sache der Armen einsetzen, um weltweit die Lebensbedingungen armer Menschen zu verbessern. Man muss erkennen, dass Armut eine Ursache und eine Folge der Schädigung der Umwelt ist. Eine gerechte, rationelle und fruchtbare Nutzung der natürlichen Ressourcen kann nachhaltige Lebensgrundlagen schaffen, die zur Verringerung der Armut beitragen.

Desmond Tutu, südafrikanischer Geistlicher und Aktivist, emeritierter Erzbischof der anglikanischen Kirche von Südafrika, erhielt 1984 den Friedensnobelpreis für seinen gewaltfreien Kampf gegen die Apartheid-Regierung in Südafrika.

Stadt auf dem Wasser

Mit seinem Reichtum an Palazzi und Kirchen aus gotischer, byzantinischer und Renaissancezeit ist Venedig ein Meisterwerk der Kunst und Architektur, eine der außergewöhnlichsten und schönsten Städte der Welt.

Venedig wurde im 5. Jahrhundert gegründet und erstreckt sich über 118 kleine Inseln in einer sumpfigen Lagune in der Nordwestecke der Adria. Im frühen Mittelalter stieg es zu einer bedeutenden Seemacht und einem der reichsten Stadtstaaten auf.

Jahrhundertelang florierte die Stadt durch den Handel mit dem Rest der Welt. Werke großer Meister zieren selbst die kleinsten Palazzi entlang der Kanäle – Beweise des einstigen gewaltigen Reichtums.

Venedig wurde auf Holzpfählen erbaut, die man tief in den sumpfigen Untergrund trieb. Das Netzwerk malerischer Kanäle brachte ihm den Beinamen »Stadt auf dem Wasser« ein. Von seiner Lage her ist Venedig stets besonders anfällig für Überflutungen.

Im Laufe der Jahrhunderte begann die Stadt langsam einzusinken: allein im letzten Jahrhundert um 23 Zentimeter. Die schlimmste Flut seit Beginn der Aufzeichnungen ließ im November 1966 den Wasserspiegel um 1,94 Meter über die Normalhöhe steigen und verursachte erhebliche Schäden an vielen historischen Gebäuden.

Um so etwas in Zukunft zu verhindern, baut man jetzt eine Flutbarriere aus mehreren mobilen Toren. Sie trägt den Namen MOSE (in Anspielung auf Moses, der das Rote Meer teilte) und soll einer maximalen Fluthöhe von drei Metern standhalten, damit Venedig bis zum Ende des Jahrhunderts vor Sturmfluten und dem ansteigenden Meeresspiegel geschützt ist. Dann – oder früher, falls sich der Klimawandel stärker bemerkbar macht – müssen andere Maßnahmen ergriffen werden, um diese Perle der Adria zu bewahren.

Dan Kitwood / Getty Images

25. *Franz-Josef-Gletscher · Südinsel, Neuseeland*

Wo Gletschereis und Regenwald sich begegnen

Der Franz-Josef-Gletscher wird als Juwel unter den Gletschern der neuseeländischen Westküste betrachtet. Er zieht sich aus über 3500 Metern Höhe hinab bis auf nur 240 Meter über dem Meeresspiegel – mitten hinein in den gemäßigten Regenwald. Er ist der alpine Gletscher, der bis in die geringste Höhe hinabreicht. Sein Schmelzwasser fließt in den Waiho River.

Der Gletscher wurde 1865 nach Kaiser Franz Joseph I. von Österreich benannt, sein poetischer Maori-Name lautet *Ka Roimata o Hinehukatere:* »Die Tränen von Hinehukatere« – eines Mädchens, dessen Liebster der Legende nach in einer Lawine ums Leben gekommen war. Ihre Tränen flossen den Berghang hinab, erstarrten und bildeten so den Gletscher.

Wie einige andere Gletscher hat auch dieser seine eigenen, vom Klimawandel unabhängigen Zyklen des Rückzugs und des Vorrückens. Nachdem er sich zwischen 1940 und 1980 um etliche Kilometer zurückgezogen hatte, begann er 1984 wieder anzuwachsen. Auf lange Sicht schrumpft er jedoch wie alle Gletscher der Neuseeländischen Alpen.

Insgesamt hat sich weltweit die Masse aller Gebirgsgletscher und Schneedecken der nördlichen wie der südlichen Hemisphäre ständig verringert. Zwischen 1991 und 2004 nahm die Geschwindigkeit, mit der die Gletscher der Erde schrumpfen, noch zu, wodurch das Meeresniveau jährlich um zusätzliche 0,8 Millimeter anstieg.

Die Gletscher in den Neuseeländischen Alpen sind seit dem Jahr 2000 geschrumpft, durchschnittlich haben sie sich um 38 Prozent verkürzt und damit 25 Prozent ihrer Fläche verloren.

Nach Ansicht von Glaziologen der neuseeländischen Universitäten Canterbury und Victoria könnte der Franz-Josef-Gletscher innerhalb der nächsten hundert Jahre verschwinden. Dann hätte Ende des Jahrhunderts Hinehukatere ihre letzten Tränen geweint.

Jochen Schlenker/Getty Images

Wasser für 20 Millionen Menschen

Der Tschadsee liegt in der Savanne der Sahelzone südlich der Sahara. Vier Länder umgeben ihn: Tschad, Kamerun, Nigeria und Niger. Er ist für nahezu 20 Millionen Menschen die wichtigste Trinkwasserquelle, das Wasserreservoir für Vieh und Felder und Lebensgrundlage der Fischerei.

Man glaubt, dass der Tschadsee seit etwa 13 000 Jahren ein Binnengewässer ist und einmal die gewaltige Fläche von 400 000 Quadratkilometern einnahm. Da er sehr seicht ist, schwankte die Größe des Sees stets beträchtlich, aber während der letzten vier Jahrzehnte ist er außergewöhnlich stark geschrumpft. In den 1960er Jahren bedeckte der See mehr als 26 000 Quadratkilometer – im Jahr 2000 waren es nur noch 1500!

Zum ersten Mal verursacht jetzt menschliches Tun eine dramatische Veränderung des Wasserpegels. Bewässerungsmaßnahmen und das Aufstauen von Flüssen, die in den See münden, entwässern ihn, die Überweidung der Savanne schädigt die Vegetation. All diese Faktoren dürften das Klima noch trockener machen.

Der Wassermangel hat zwischen Nachbarstaaten zu Diskussionen über die Rechtslage geführt und zu gewalttätigen Auseinandersetzungen zwischen Bauern, die Wasser ableiten, und Fischern, die sich wegen des schrumpfenden Sees Sorgen machen.

Der Tschadsee war einst einer der größten Seen der Erde und scheint jetzt dazu verurteilt zu sein, ganz zu verschwinden. Man prophezeit, dass der Klimawandel in Gestalt höherer Temperaturen und zunehmender Verdunstung das Schrumpfen des Sees beschleunigen wird und die Verwandlung von Grasland und Feuchtgebieten in Staubwüsten vorantreibt. Die Armut und die Konflikte, die als Folge zu erwarten sind, dürften die Lage in einer bereits schwer notleidenden Region weiter verschärfen.

Von Gulags zu modernen Städten

Bis zum Bau der Transsibirischen Eisenbahn von 1891 bis 1916 blieben die Weiten Sibiriens praktisch unerforscht. Sibirien nimmt fast zehn Prozent der Landfläche der Erde ein – rund 13 Millionen Quadratkilometer – und erstreckt sich vom Ural bis zur Beringstraße, die Pazifik und Nordpolarmeer verbindet.

Sibirien mit seinem rauen arktischen und subarktischen Klima war Schauplatz eines der brutalsten Kapitel der russischen Geschichte. Lange Zeit bestand die Bevölkerung Sibiriens – mit Ausnahme von ein paar Forschungsreisenden und Händlern – hauptsächlich aus Sträflingen, die aus den westlichen Teilen Russlands hierher in die Straf- und Zwangsarbeitslager verbannt worden waren.

Das sowjetische Straflagersystem – GULAG genannt – wurde in der Stalin-Ära eingerichtet. Die Deportationen nahmen bald schwindelerregende Ausmaße an: Zwischen 1929 und 1953 wurden mindestens 14 Millionen Menschen in die Lager verschleppt – nicht etwa nur Kriminelle, sondern Regimekritiker und »Staatsfeinde« und sogar ganze Ethnien. Der Gulag lieferte Arbeitskräfte für die Bergwerke der fernen sibirischen Hochebene mit ihren reichen Bodenschätzen wie Öl, Gas, Kohle, Blei, Gold und Diamanten.

Einige der Gulags haben sich seither zu großen Industriestädten entwickelt, so etwa Norilsk, Workuta und ganz im Osten Magadan in der Region Kolyma. Trotzdem ist Sibirien mit nur drei Bewohnern pro Quadratkilometer nach wie vor sehr dünn besiedelt.

Viele der 36 Millionen Menschen Sibiriens stehen jedoch bald vor neuen Problemen. Die sibirischen Öl- und Gasförderanlagen, die Pipelines, die Straßen und Bahnlinien wurden auf Dauerfrostböden gebaut, die große Teile des Landes bedecken. In Jakutsk, der größten auf Permafrost ruhenden Stadt der Erde, steht alles auf Holzpfählen, die in den Boden getrieben wurden.

In den nächsten 40 Jahren wird die globale Erwärmung den Permafrost der Nordhalbkugel vermutlich um 20 bis 35 Prozent reduzieren. Wenn der Boden unter den Öl- und Gasanlagen taut, könnte das zu undichten Stellen in den Systemen und zu ungeahnten Schäden für die Infrastruktur führen. Mancherorts sind bereits Bauwerke instabil geworden. Bis 2030 muss man vielleicht ganze Städte aufgeben; die Menschen wären gezwungen, wegzuziehen.

Arctic-Images/Getty Images

Bruno De Hogues/Getty Images

Die Geburt einer imposanten Stadt

Der Großteil des modernen Paris entstand Mitte des 19. Jahrhunderts, als Napoleon III. die Modernisierung und Neugestaltung der Stadt veranlasste, wobei die engen alten Straßen mit ihren teilweise noch aus Holz gebauten Häusern zu breiten, von klassizistischen Steingebäuden gesäumten Boulevards umgebaut wurden.

Heute ziehen die Avenuen der Stadt und die berühmten Monumente jährlich 45 Millionen Touristen an – sie lieben die milden Wintertage und warmen Sommernächte. Der Golfstrom bringt es mit sich, dass es in Paris selten besonders hohe oder tiefe Temperaturen gibt. Nahezu zwölf Millionen Menschen leben im Großraum Paris, einem der am dichtesten besiedelten Orte Europas.

2003 litt Europa unter einer Hitzewelle, die Frankreichs Norden besonders hart traf, wo die Menschen nicht an so hohe Temperaturen gewöhnt sind. In Paris erreichen die Tageshöchsttemperaturen im Sommer durchschnittlich 25 °C, aber in jenem Jahr stiegen sie auf über 40 °C. Am 14. August gab es in ganz Frankreich 802 Hitzetote, ein Drittel davon in der Region Île de France, zu der Paris gehört. Viele französische Familien fahren im August in den Urlaub – so auch die meisten Ärzte. Unter den Hitzeopfern waren vor allem ältere Menschen, die allein zu Hause waren. Es gab so viele Todesfälle, dass Verstorbene ohne Angehörige erst einmal in einer Kühlhalle außerhalb von Paris gelagert werden mussten.

In ganz Europa starben infolge der Hitzwelle von 2003 etwa 35 000 Menschen. Hitzerekorde gab es in Großbritannien, Deutschland und Spanien; in Portugal zerstörten Waldbrände fünf Prozent der Landschaft und zehn Prozent der Wälder.

Gegen Ende des 21. Jahrhunderts sollen die Sommertemperaturen durchgehend ähnlich hoch liegen wie während der Hitzewelle von 2003. Die eigentlichen Hitzewellen würden dann sogar noch extremer verlaufen – das bedeutet eine Gefahr für die Bevölkerung, mit der sich die Behörden auseinandersetzen werden müssen.

Das viertkleinste Land der Erde

29. Tuvalu · Pazifik

Zwischen Australien und Hawaii, in einer der abgelegensten Regionen des südwestlichen Pazifiks, liegt der Inselstaat Tuvalu. Mit seiner Fläche von nur 26 Quadratkilometern ist Tuvalu das viertkleinste Land der Erde. Es besteht aus neun Atollen: tropische Riffinseln und schmale Korallenatolle rund um blaue Lagunen.

Nur 12 000 Menschen leben auf den neun Inseln und pflegen eine ganz eigene polynesische Kultur und traditionelle Lebensweise. Jede Familie hat ihre besondere Aufgabe in der Gemeinschaft, wie etwa das Fischen oder Häuserbauen.

Der Name Tuvalu bedeutet »acht stehen zusammen« und stammt aus der Zeit, als nur acht der neun Inseln bewohnt waren. In der Zukunft dürfte allerdings nicht mehr viel davon übrig sein …

Mit fünf Metern über Meereshöhe hat Tuvalu eine der niedrigsten maximalen Erhebungen auf der Erde und ist deshalb Stürmen und Veränderungen des Meeresspiegels besonders ausgeliefert. Wenn das Meeresniveau, wie prognostiziert, bis zum Ende des 21. Jahrhunderts um 60 Zentimeter steigt, werden Teile von Tuvalu überflutet sein, und das Eindringen des Salzwassers wird die Ernten – etwa von Kokosnüssen oder Taroknollen – schädigen.

Steigende Temperaturen und Versauerung des Meerwassers werden sich verheerend auf die Korallen auswirken, die absterben und damit den lebenswichtigen Schutz der Küsten und die Grundlagen für das Leben auf den Inseln zerstören. Tuvalu ist auch von der sogenannten King Tide betroffen – einer Springflut, bei der das Meer weit über die normale Höhe ansteigt. Solche Fluten und der zu erwartende globale Anstieg des Meeresspiegels könnten dieses Land gänzlich versenken, und seine Menschen wären gezwungen, in Nachbarstaaten auszuwandern.

Chris Johns/Getty Images

Die Fähigkeit, Wasser aufzuspüren, wo sonst keiner es findet

Im rauen Klima der südafrikanischen Kalahari sind die San ständig unterwegs. Sie suchen nach Wildfrüchten, Beeren und Nüssen, spüren Wasser und Wild auf. Die San sollen Nachkommen der ersten Bewohner des südlichen Afrika sein und sind wegen ihrer außerordentlichen Fertigkeiten als Jäger berühmt. Sie imitieren die Bewegungen der Tiere und kommen dabei so nahe an die Herden heran, dass sie ihre Beute mit Giftpfeilen töten können.

Die Fähigkeit der San, Wasser und Nahrung an Orten zu finden, wo es sonst niemand kann, sind von Generation zu Generation überliefert worden. Europäische Kolonisten, Armeen und Farmer haben sich ihre Begabung als Spurensucher beim Verfolgen von Wilderern und Partisanen zunutze gemacht. Kürzlich hat ihr Wissen über Wüstenpflanzen zur Entdeckung eines natürlichen Appetitzüglers zur Behandlung von Fettleibigkeit geführt.

Die Stämme der San haben in den letzten 50 Jahren mehr Veränderungen erlebt als in den 40 000 Jahren davor. Einst ging ihre Zahl in die Millionen, jetzt sind es weniger als 2000 San, die noch traditionell als Jäger und Sammler leben.

Auseinandersetzungen zwischen den San und benachbarten Stämmen oder europäischen Kolonisten haben sie in entlegene Gebiete der Kalahari abgedrängt. Altes Buschland wurde in private Rinderfarmen umgewandelt, und die Suche der San nach fruchtbarem Land wird umso schwieriger, je weiter die Desertifikation – wegen steigender Temperaturen und um 40 Prozent nachlassender Regenfälle im Winter auf der Südhalbkugel – in die Buschvegetation vordringt. Die globale Erwärmung könnte es den letzten San unmöglich machen, in der Steppe zu jagen und Nahrung zu finden.

Es ist kein Gegenmittel gegen das tödliche Pfeilgift der San bekannt, das sie aus einer Mischung von Würmern, Käfern und Baumsäften herstellen. Mit Giftpfeilen bewaffnet, machen sich die Männer der San in kleinen Gruppen auf die Jagd und verfolgen als gute Spurenleser das Wild.

Abends versammeln sich Frauen, Männer und Kinder rund ums Feuer und vollführen rituelle Tänze zu rhythmischem Händeklatschen und anschwellenden Gesängen. Dabei verfallen sie manchmal in Trance, in der sie Krankheiten heilen und mit Verstorbenen oder abwesenden Angehörigen Verbindung aufnehmen zu können glauben.

Dave Hamman/Getty Images

Chris Johns/Getty Images

So groß, dass man es vom Mond aus sieht

31. *Great Barrier Reef · Australien*

Das Great Barrier Reef vor der Nordostküste Australiens bedeckt eine Fläche von 344 000 Quadratkilometern und erstreckt sich über 2600 Kilometer von Süden nach Norden – es ist so groß, dass man es vom Mond aus sehen kann.

Das größte Korallen-Ökosystem der Erde hat eine Fläche, die so groß ist wie Deutschland, und besteht aus rund 400 verschiedenen Arten harter und weicher Korallen in jeder nur denkbaren Farbe. Dazwischen leben 1500 verschiedene Unterarten von Fischen und Tausende Sorten von Muscheln. Für sie alle sind die Korallen lebenswichtig.

Höhere Wassertemperaturen hätten höchstwahrscheinlich verheerende Folgen für das Riff, ebenso wie die zunehmende Versauerung des Meerwassers. Wenn die Wassertemperatur um 1,5 bis 2 °C ansteigt, dürften noch größere Teile der Korallenbauten von der »Korallenbleiche« erfasst werden und zugrunde gehen. Eine Zunahme um 3 °C würde das Riff gänzlich vernichten.

Die globale Erwärmung soll bis 2010 die Wassertemperatur in dieser Region um mindestens 2 °C ansteigen lassen. Mit anderen Worten: Es ist mehr als wahrscheinlich, dass das Great Barrier Reef von der Oberfläche der Erde verschwinden wird.

Annie Griffiths Belt/Getty Images

Der Zedernwald Gottes

Einst waren die Ebenen und Berge des Libanon dicht mit stattlichen Zedern bestanden. Heute finden sich die Überreste eines einst mächtigen Zedernwaldes nur noch auf den hoch gelegenen Hängen des Al-Makmal-Berges im Norden Libanons. Sie werden »die Zedern Gottes« genannt.

Unterhalb der Zedern Gottes gähnt das tiefe Wadi Qadisha, das »Heilige Tal«, in dem verstreut Kapellen, Tempel und Klöster liegen. Wie die Phönizier und Israeliten verwendeten auch die Christen die Zedern für den Bau religiöser Stätten: Im Heiligen Tal befinden sich einige der ältesten klösterlichen Ansiedlungen. Im 7. Jahrhundert ließen sich christliche Mönche in den Höhlen der steilen Felshänge des Tales nieder, um ihr Leben in Abgeschiedenheit zu führen.

Seit ältesten Zeiten war die Zeder wegen ihres außerordentlich harten Holzes und angenehmen Duftes ein hoch geschätztes Baumaterial. Sowohl die Babylonier als auch die Assyrer nutzten es, und die Ägypter verwendeten das Holz beim Schiffbau und das Harz zur Mumifizierung. Heute wird die kulturelle Bedeutung des Baumes durch die Flagge des Libanon betont, die in ihrer Mitte eine grüne Zeder zeigt.

Es heißt, die Libanonzeder sei einer der ältesten Bäume der Erde. Unter den libanesischen Zedern Gottes sind zwölf Bäume über tausend Jahre alt, die übrigen haben ein Alter von mindestens hundert Jahren.

In Zukunft sind die letzten alten Zedern ernsten Bedrohungen durch den Klimawandel ausgesetzt. Während der nächsten 70 Jahre sollen die Temperaturen im Libanon steigen und die Niederschläge abnehmen, wodurch das Klima deutlich trockener würde als heute und der Erhalt der Zedern gefährdet wäre. Die alten Bäume gäbe es dann nur noch in der Erinnerung an eine mythische Vergangenheit, während die libanesische Landschaft kahl wäre.

George F. Mobley/Getty Images

33. *Sulu-Sulawesi-See · Malaysia*

Die Heimat eines Stammes von Seenomaden

Von alters her führte das Volk der Bajau ein nomadisches Seefahrerdasein im tropischen Monsunklima der Sulu-Sulawesi-See. Sie stammen von der Südwestküste der Philippinen, leben nun aber weit verstreut in dem Dreieck zwischen den Philippinen, Indonesien und Malaysia.

Die Bajau fischen, essen und schlafen auf selbst gebauten Lipa-lipa-Booten, Hausbooten mit einem von Matten und Holzstangen überdachten Wohnbereich, in dem auf einem tragbaren Tonherd die Mahlzeiten zubereitet werden. Sie fischen mit Speeren und Handangeln und benutzen Laternen, um das Meer in mondlosen Nächten zu beleuchten. Ihre Wanderbewegungen sind weitgehend von der Seegurke bestimmt, die in vielen Ländern Asiens als große Delikatesse geschätzt wird. Die Taucher der Bajau sind imstande, bei der Suche nach Seegurken in Tiefen von bis zu 30 Metern vorzudringen.

Obwohl sie sunnitische Muslime sind, bleiben viele Bajau ihren alten Zeremonien treu und setzen Geisterboote im offenen Meer aus, um böse Erscheinungen fernzuhalten.

Auch wenn viele Bajau sesshaft geworden sind und als Bauern und Viehzüchter an Land leben, sind etwa zehn Prozent immer noch Seenomaden. Für diese wird die traditionelle Lebensweise zunehmend schwierig. Überfischung und illegale Methoden wie Fischfang mittels Sprengstoff und Gift schädigen die Korallenriffe und zerstören die natürlichen Lebensräume von Fischen und Seegurken. Der zu erwartende Temperaturanstieg an der Meeresoberfläche und die zunehmende Versauerung des Wassers infolge des Klimawandels werden wohl noch mehr Korallen abtöten. Das würde auch das Ende der traditionellen Lebensweise der Bajau bedeuten.

Jurgen Freund / Getty Images

Paul Souders / Getty Images

»Bin dann mal in Patagonien«

Als der britische Journalist Bruce Chatwin seine Stellung bei der Londoner »Sunday Times« aufgab, um als freier Autor von Reisebüchern, Essays und Romanen zu leben, schickte er seinen Arbeitgebern das berühmte Telegramm: »Bin dann mal in Patagonien«.

Wenn der Südkaper, ein Bartenwal, sprechen könnte, würde er genau das Gleiche sagen. Jedes Jahr ziehen während des Winters auf der Südhalbkugel Tausende dieser riesigen, bis zu 18 Meter langen und 80 Tonnen schweren Säugetiere von ihren Futterstellen im Südpolarmeer nahe der Antarktis nach Norden zur argentinischen Halbinsel Valdés, um sich fortzupflanzen.

Beide Gegenden sind ideal für sie geeignet. Im Südpolarmeer können sich die Wale von reichlich vorhandenem Krill ernähren, kleinen Krebstieren, die in kalten Gewässern leben. Vor der Halbinsel Valdés paaren sich die Wale, kalben und ziehen ihre Jungen in den geschützten Lagunen des Golfo Nuevo und des Golfo San José auf.

Die Wale teilen diese Aufzuchtplätze mit großen Kolonien von Seelöwen und See-Elefanten. Oft tollen sie mit ihren Jungen nur 200 Meter vom Strand entfernt im Meer herum und ziehen Tausende von Zuschauern aus aller Welt an. Zu deren Vergnügen bringen sie ihren Walkälbern ein Verhalten bei, das nur den Südkapern eigen ist und »Segeln« genannt wird: Mit ihren hochgestellten Schwanzflossen fangen sie den Wind und lassen sich über das Meer treiben.

Krill, die Hauptnahrungsquelle der Südkaper, lebt von Algen. Höhere Meerestemperaturen und schmelzendes Meereis rund um die Antarktis werden Algen wie Krill dezimieren und damit das Überleben der Wale ernsthaft bedrohen.

In Jahren mit warmen antarktischen Sommern konnte man eine Abnahme der Zahl neugeborener Walkälber feststellen. Fehlgeburten infolge von Nahrungsmangel werden als Ursache vermutet.

Wissenschaftler haben festgestellt, dass junge Wale von ihren Müttern lernen, wo sie im weiten Ozean nach Nahrung suchen müssen, und dass dieses Wissen von Generation zu Generation weitergegeben wird. Wenn die Nahrung von den bisherigen Futterstellen verschwindet, fällt es ihnen daher schwer, einfach an andere Orte weiterzuziehen.

Wenn wir bedenken, wie die globale Erwärmung das Leben auf der Erde beeinträchtigt und weiterhin auf sie einwirken wird, müssen wir uns zwangsläufig vorstellen, wie unsere Zukunft und die unserer Kinder als Individuen einer auf der Erde lebenden Art aussehen wird. Der Weltklimarat IPCC der Vereinten Nationen sagt voraus, dass die Durchschnittstemperaturen auf unserem Planeten bis 2100 um etwa 6 °C ansteigen werden, wenn nichts unternommen wird, um den Ausstoß von Treibhausgasen

Der Klimawandel und das Leben auf der Erde

infolge menschlicher Aktivitäten auf der Erde zu verringern. Medienberichte über diese Prognose werden oft mit Bildern von Menschen illustriert, die in Badeanzügen die Sonne genießen. So entsteht bei den Betrachtern (beabsichtigt oder unbeabsichtigt) der Eindruck, der Klimawandel sei etwas Angenehmes. Und welcher Mensch, der den Winter in den nördlichen Breiten verbringt, hätte sich nicht insgeheim ein bisschen mehr von jener »globalen Erwärmung« gewünscht, von der die Leute so viel Aufhebens machen?

KATHERINE RICHARDSON, PROFESSORIN FÜR MEERESÖKOLOGIE UND PRODEKANIN AN DER UNIVERSITÄT KOPENHAGEN

Leben in einer wärmeren Welt

Auf den ersten Blick hört sich ein Temperaturanstieg von 6 °C nicht so schlimm an. Viele von uns erleben ja zwischen Sommer und Winter viel größere Temperaturschwankungen. Worauf es jedoch bei der Voraussage des IPCC ankommt, das ist der Wortbestandteil »Durchschnitts-«. Stellen Sie sich vor, Sie hätten Ihre Füße im Backrohr und den Kopf im Gefrierschrank. Dann hätten Sie zwar eine angenehme Durchschnittstemperatur, aber die extremen Temperaturen an beiden Enden Ihres Körpers würden Sie als recht unangenehm empfinden. Die globale Erwärmung wirkt sich ganz ähnlich auf die Erde aus. Verhältnismäßig geringe Temperatursteigerungen sind nahe dem Äquator zu erwarten, wesentlich höhere aber sind für die Polarzonen prognostiziert. Temperatursteigerungen beeinflussen – egal wo sie erfolgen – das Leben auf der Erde.

Der Eisbär wird bereits als ergreifendes Beispiel dafür vor Augen geführt, wie die globale Erwärmung arktische Organismen bedroht. Am anderen Ende unseres Planeten – so die Ansicht von Wissenschaftlern – steht der dramatische Schwund der Kaiserpinguine in den letzen Jahrzehnten mit dem Klimawandel in Verbindung, und die ständige Zunahme der Temperaturen in dieser Region könnte zum Aussterben dieser Art führen.

Dass Eisbären und Kaiserpinguine (und viele andere Lebewesen) durch den Klimawandel bedroht sind, ist nicht in erster Linie eine direkte Folge der höheren Temperaturen, denen sie ausgesetzt sind. Alle Pflanzen und Tiere haben die Fähigkeit entwickelt, Temperaturschwankungen auszuhalten, und wir wissen, dass diese beiden Tierarten heiße Sommertage in den Zoos unserer Städte ertragen können. Also ist es nicht der Temperaturanstieg als solcher, der Eisbären und Pinguine gefährdet. Die Bedrohung geht von den durch die höheren Temperaturen verursachten Veränderungen ihrer Lebensräume aus. Diese führen zu Störungen der Ökosysteme und schließlich der Nahrungsketten. Und so bewirkt die Erderwärmung durch ihren Einfluss auf die Umwelt, dass Eisbären und Pinguine verhungern.

Das Vorhandensein von Nahrung für diese beiden Tierarten hängt von der Ausdehnung der vom Eis bedeckten Gebiete ab. Eisbären jagen vom Meereis aus Meeressäuger. Längere eisfreie Perioden infolge höherer Temperaturen in der Arktis verringern die Chancen der Eisbären, ihre Nahrung zu verfolgen. Ebenso sind in der Antarktis die Kaiserpinguine von kleinerem Meeresgetier (insbesondere Krill) abhängig, das sich von Algen ernährt, die unter dem Eis wachsen. Ist weniger Eis vorhanden, haben die Algen weniger Nährboden, auf dem sie gedeihen könnten, also gibt es weniger Nahrung für den Krill und weniger für die Pinguine. Krill gilt als Grundpfeiler des antarktischen Ökosystems, weil Ernährung und Überleben so vieler anderer Organismen – von Pinguinen bis zu Bartenwalen – von ihm abhängen. Eine Verkleinerung der Eisfläche als direkte Folge der Erderwärmung hat deshalb Auswirkungen auf das gesamte Ökosystem und bedroht eine Vielzahl hier lebender Arten.

Der Klimawandel ist mehr als der Temperaturanstieg

Der durch die globale Erwärmung bedingte Verlust an Eisfläche hat tief greifende Auswirkungen auf die Lebenszyklen und die Struktur des Ökosystems der Polargebiete. Ähnliche Beispiele lassen sich überall, zu Wasser und zu Lande, auf unserem Planeten finden: natürlich nicht nur im Zusammenhang mit Eis, sondern immer dort, wo der Klimawandel Veränderungen der Lebensräume verursacht, Ökosysteme stört und Arten bedroht. Für die meisten Lebewesen auf dem Land hängen die Beeinträchtigungen ihrer Habitate mit dem Wasser zusammen. Hier bewirkt der Klimawandel eine Gefährdung durch wesentlich mehr oder weniger Wasser, als bislang dort vorhanden war.

Anstieg des Meeresspiegels

Wir wissen, dass der Klimawandel mit Veränderungen des Meeresniveaus einhergeht. Das geschieht aus zweierlei Gründen. Erstens dehnt sich warmes Wasser aus, deshalb beanspruchen die Ozeane in wärmerem Klima mehr Raum als in kälterem. Zweitens – und das ist wichtiger – entscheidet die globale Temperatur darüber, wie viel von dem Wasser auf unserem Planeten in Form von Eis gebunden ist. Wenn die Gletscher auf dem Land schmelzen, gelangt das von ihnen freigesetzte Wasser in die Ozeane und trägt zum Ansteigen des Meeresspiegels bei. In geologischen Zeiträumen von Hunderten von Jahrmillionen hat, wie wir wissen, das Meeresniveau auf unserem Planeten um mehrere Hundert Meter geschwankt. Das Ansteigen des Meeresspiegels als Reaktion auf weltweit höhere Temperaturen in den letzten Jahrzehnten ist bereits registriert worden. Jetzt stellt sich die Frage, welchen weiteren Anstieg wir für die kommenden Jahre erwarten müssen.

In seinem Sachstandsbericht von 2007 sagte der Weltklimarat bis zum Jahr 2100 einen maximalen Anstieg des Meeresniveaus um 59 Zentimeter voraus. Jedoch wurde (und darüber wird selten in der Presse berichtet) auch festgestellt, dass es noch ein paar entscheidende Faktoren gibt, die bei dieser Schätzung unberücksichtigt bleiben mussten, weil keine Daten dazu vorlagen. Die Daten (besonders zur Eisschmelze, die rascher verläuft, als vom IPCC vorhergesagt) häufen sich schnell, und die meisten Experten auf dem Gebiet »Eis und Meeresspiegel« glauben jetzt, dass die Schätzung der Vereinten Nationen von 2007 das, was uns in diesem Jahrhundert erwartet, noch zu niedrig angesetzt habe. Es wird immer noch heftig diskutiert, wie hoch das Meeresniveau tatsächlich ansteigen wird, aber Nennungen von einem Meter und mehr sind in der wissenschaftlichen Literatur immer häufiger zu finden. Und natürlich darf man nicht vergessen, dass der Meeresspiegel nicht 2100 zu steigen aufhören wird. Es gibt zudem eine beträchtliche Zeitverzögerung in der Reaktion des Meeresniveaus auf die Erwärmung. Wenn wir also alle menschlichen Einflüsse auf das Klima heute unterbinden könnten, würde der Meeresspiegel noch einige Jahrzehnte lang weiter steigen. Mit anderen Worten: Unsere Entscheidungen jetzt, ob und wie wir gegen den von Menschen verursachten Klimawandel vorgehen, wirken sich erst für künftige Generationen aller auf der Erde lebenden Arten spürbar aus.

Zunehmende Sturmtätigkeit

Höhere Meeresspiegel haben selbstverständlich ernstzunehmende Folgen für tief liegende Gebiete auf dem Land. 45 Prozent der Bevölkerung und 75 Prozent der Megacitys mit über zehn Millionen Einwohnern befinden sich in Küstengebieten. Es hat sich bereits am Beispiel kleiner Orte auf Inseln im Pazifik und Indischen Ozean gezeigt, wie ganze Gemeinden auf höher liegendes Gelände umsiedeln mussten. Doch es ist nicht allein die Höhe des Meeresspiegels, die unsere und andere Arten in diesen küstennahen Lebensräumen bedroht.

Sturmfluten verursachen hier gewaltige Zerstörungen. Ein Faktor, der die Höhe der Flutwelle bestimmt, ist natürlich das Meeresniveau. Ein weiterer ist die Stärke des Sturms, der die Flutwelle antreibt. Hurrikane und Taifune – tropische Wirbelstürme – beziehen ihre Kraft aus der an der Meeresoberfläche gestauten Wärme. Diese Stürme bilden sich nämlich nur über Meerwasser, dessen Oberflächentemperatur mindestens 26,5 °C beträgt. Ein warmer Ozean erhöht deshalb das Potenzial für die Entstehung solcher Stürme und ihre – im Vergleich zu einem kühleren Ozean – zunehmende Gewalt. Es hat sich in den letzten Jahrzehnten gezeigt, dass die Stärke von Hurrikanen und Taifunen gleichzeitig mit steigenden Ozeantemperaturen zunahm. Längere Beobachtungszeiträume sind erforderlich, um eindeutig zu beweisen, dass die globale Erwärmung eine unmittelbare Ursache für die Zunahme solcher Stürme ist. Doch schon die Erkenntnis eines Zusammenhangs zwischen der Meerestemperatur und der Entstehung von Stürmen untermauert die Voraussage häufigerer und stärkerer Sturmaktivität als Folge des Klimawandels. Wie sich 2005 auf so tragische Weise zeigte, als der Hurrikan Katrina New Orleans heimsuchte, sind Flutwellen, die auf tief liegende Städte treffen, ein tödlicher Cocktail.

Zu wenig Wasser

Einer der wichtigsten Faktoren, die die Verbreitung von Pflanzen und strukturierenden Ökosystemen auf dem Land beeinflussen, ist der Zugang zum Wasser. Auf einem wärmeren Planeten gibt es mehr Wasser in der Atmosphäre. Aber auch die Verteilung der Niederschläge verändert sich dramatisch. Ganz allgemein lässt sich sagen, dass die Gegenden auf unserem Planeten, die bereits »nass« sind (also mehr Regenfälle abbekommen), als Folge des Klimawandels noch feuchter werden. Und die bereits »trockenen« werden noch trockener. Die zunehmenden Dürren in Trockengebieten werden sich auf viele Spezies – auch auf uns – sehr stark auswirken, gerade was die Nahrungsbeschaffung betrifft. Die Nahrungsversorgung ist bereits in Zentralafrika problematisch, und der Klimawandel wird die Situation verschlimmern. Doch das Problem ist nicht auf Afrika beschränkt. In vielen Gegenden rund um den Globus – in entwickelten und unterentwickelten Ländern – fällt der Grundwasserspiegel und stellen sich die Landwirte auf Anbausorten um, die weniger Wasser benötigen als die traditionellen Feldfrüchte, oder sie geben die Landwirtschaft ganz auf.

Natürlich haben es viele Pflanzen in einer Gegend, die immer trockener wird, schwerer zu wachsen; zudem wird diese immer anfälliger für Brände. Die ausgedehnten und verheerenden Flächenbrände, die in den letzten Jahren Australien und den Westen der USA heimsuchten, erregten internationales Aufsehen. Brände sind allerdings ein natürlicher Vorgang, und viele Umstände tragen zu ihrer Entstehung bei. Deshalb sind längere Beobachtungszeiträume erforderlich, bevor man mit Sicherheit sagen kann, dass ein ursächlicher Zusammenhang zwischen der offensichtlichen Zunahme von Flächenbränden und dem Klimawandel besteht. Doch die Voraussage, dass es als Folge des Klimawandels in manchen Gegenden eine wachsende Bedrohung durch Brände geben wird, ist tragfähig, da die Brandgefahr umso höher ist, je trockener eine Region wird.

Globaler Wandel ist mehr als Klimawandel

Eigentlich begreift jeder, dass die Zunahme von CO_2 in der Atmosphäre infolge menschlicher Aktivitäten das Klima durch Steigerung des Treibhauseffekts beeinflusst. Wenige verstehen jedoch, dass ebendiese Zunahme von atmosphärischem CO_2 viele Tier- und Pflanzenarten im Ozean unmittelbar gefährdet, weil sie den Säuregehalt des Oberflächenwassers steigert. Die Ozeane bedecken 71 Prozent der Erdoberfläche und stehen in direktem Kontakt mit der Atmosphäre. Wenn der CO_2-Gehalt der Atmosphäre zunimmt, löst sich umso mehr davon in der Oberfläche des Meerwassers auf. Wenn sich CO_2 in Wasser löst, entsteht Kohlensäure, damit nimmt der Säuregehalt dieser Flüssigkeit zu (das ist auch der Grund, warum kohlensäurehaltige Getränke den Zahnschmelz angreifen). Viele im Meer lebende Organismen produzieren Kalziumkarbonat (Kalk) zum Aufbau ihrer Muschelschalen oder der Strukturen und Skelette, in denen sie leben, so etwa die Korallen. Kalk löst sich unter sauren Bedingungen, und es ist vorherzusehen, dass die bisher geringen Veränderungen des Säuregehalts des Meerwassers deutlich zunehmen und dramatische Auswirkungen auf etliche Meeresorganismen haben werden.

Größte Besorgnis in dieser Hinsicht erregen die Korallen. Sie sind bereits durch den Klimawandel stark belastet. Offenbar vertragen viele Korallen keine höheren Temperaturen, sodass oft nach besonders warmen Perioden die »Korallenbleiche« auftritt, bei der die Korallen ihre Färbung verlieren. Außerdem ist jener Kalk, den die Korallen bilden, der Aragonit, besonders empfindlich für die vermehrte Säure im Meerwasser. Der Klimawandel wird als größte langfristige Bedrohung des Great Barrier Reef in Australien betrachtet, und einige Wissenschaftler sagen voraus, dass es bei weiterhin ungebremsten CO_2-Emissionen schon vor dem Ende unseres Jahrhunderts in den Weltmeeren keine Gegenden mehr geben wird, in denen ein gesundes Wachstum von Korallen möglich ist.

Das Leben auf der Erde und das Klimasystem

Wir überlegten zu Beginn dieses Beitrags, wie der Klimawandel das Leben auf der Erde beeinträchtigen dürfte. Ebenso sollten wir zum Schluss bedenken, wie die Veränderungen des Lebens auf der Erde umgekehrt das Klima beeinflussen und verändern können. Unsere Gesellschaft akzeptiert nur zögernd die Tatsache, dass wir selbst – unsere Spezies – das Ausmaß des Treibhauseffekts bestimmen, indem wir die Konzentration der Treibhausgase in der Atmosphäre steigern. Es sollte nicht überraschen, dass auch andere Organismen auf der Erde ebenfalls das Klima beeinflussen.

Durch die Fotosynthese entziehen Pflanzen der Atmosphäre CO_2. Wir kennen einige Regionen, wie etwa die tropischen Regenwälder Amazoniens, die besonders wichtig sind, weil sie CO_2 aus der Atmosphäre entfernen und in Biomasse umwandeln. Wissenschaftler sagen jedoch voraus, dass das Zusammenwirken von Temperatur- und Niederschlagsänderungen infolge des vom Menschen verursachten Klimawandels die Ausdehnung dieser Regenwälder erheblich reduzieren wird – und damit ihre Kapazität zur Aufnahme von CO_2.

Und wir wissen ebenso, dass die Ozeane bis jetzt zwischen einem Drittel und der Hälfte des »zusätzlichen«, von uns an die Atmosphäre abgegebenen CO_2 aufgenommen haben, viel davon durch die Fotosynthese. Manche der winzigen Pflanzen sinken, nachdem sie dieses CO_2 absorbiert haben, auf den Meeresboden und verhindern dadurch, dass das in ihnen eingeschlossene CO_2 wieder in die Atmosphäre gelangt. In einem wärmeren Ozean wären die biologischen Vorgänge, die CO_2 aus der Atmosphäre beseitigen, abgeschwächt: einerseits, weil es weniger pflanzliche Aktivität gäbe (wegen der schlechteren Verteilung von Nährstoffen aus den Tiefen nach oben in einem Ozean mit nunmehr unterschiedlichen Temperaturschichten), und andererseits, weil verstärkte bakterielle Aktivität in warmem Wasser das absinkende pflanzliche Material vernichten würde, bevor es den Meeresboden erreicht.

Wir sehen also, dass der Einfluss des Klimawandels auf das Leben auf der Erde Rückwirkungen auf das Klima selbst haben und die globale Erwärmung potenziell verschlimmern kann. Weil wir in der Atmosphäre lebende Geschöpfe sind, neigen wir dazu, Klima mit Lufttemperatur gleichzusetzen und den Klimawandel einfach als Veränderung der Lufttemperaturen abzutun. Wie jedoch hier gezeigt wurde, entspricht das in keiner Weise der Wahrheit. Die Lufttemperaturen, die wir wahrnehmen, sind nur ein Faktor des komplizierten Klimasystems der Erde, in dem nicht nur Atmosphäre, Ozeane und Festland, sondern auch alle lebenden Organismen eine Rolle spielen. Will man voraussagen, wie der Klimawandel die Zukunft unseres Lebens auf der Erde beeinflusst, muss man dieses erstaunliche System mit seinen unzähligen Wechselwirkungen verstehen lernen.

Scott E Barbour/Getty Images

Grüne Metropole am Rande der Wüste

Die Stadt Perth im Südwesten Australiens ist eine der isoliertesten Metropolen der Erde. Die nächste größere Stadt ist mehr als 2000 Kilometer weit entfernt.

Obwohl Perth am Rande einer ausgedehnten Wüste liegt und eines der weltweit trockensten Klimata hat, ist es für seine üppigen Parks und Gärten im europäischen Stil, für seine saftig-grünen Rasenflächen und öffentlichen Anlagen berühmt.

Die reiche Begrünung ist dank einer geologischen Besonderheit dieser Gegend möglich. Perth liegt auf einer ausgedehnten wasserführenden Schicht mit 40 000 Jahre altem Wasser, das auch die wichtigste Trinkwasserquelle der Stadt ist. Als einzige australische Stadt, die auf Grundwasser angewiesen ist, hat Perth einen höheren Pro-Kopf-Verbrauch als jede andere Kommune des Landes.

Im Laufe der Zeit musste das Grundwasser durch Oberflächenwasser ergänzt werden, das in Wasserspeichern bevorratet wird. Perths Bevölkerung von 1,7 Millionen hat sich in den letzten 30 Jahren mehr als verdoppelt, und der Wasserverbrauch pro Kopf ist um mehr als 20 Prozent gestiegen, wodurch die Wasservorräte stark beansprucht werden. Im selben Zeitraum hatte die Stadt infolge der globalen Erwärmung einen dramatischen Rückgang der Niederschläge zu verzeichnen; dadurch sind 65 Prozent weniger Oberflächenwasser in die Speicher gelangt. Das belastet die nicht erneuerbare Grundwasserquelle umso mehr. Perths berühmte Parks und Grünflächen haben nicht darunter gelitten; 50 Prozent des in Perth verbrauchten Süßwassers fließt in die Parks und Gärten.

Während der nächsten 40 Jahre sollen die Temperaturen in dieser Gegend infolge der globalen Erwärmung um 2,7 °C steigen, was die Verdunstung durch Boden und Pflanzen beschleunigen würde. Im selben Zeitraum dürften sich die Regenfälle um bis zu 40 Prozent verringern, während die Bevölkerung jährlich um drei Prozent wächst. Diese neuen Parameter werden ein radikales Umdenken hinsichtlich des Wasserverbrauchs in Perth erfordern.

2007 wurde eine windgetriebene Meerwasser-Entsalzungsanlage in Betrieb genommen, die 17 Prozent des Wasserbedarfs von Perth bestreitet. Natürlich reicht das bei Weitem nicht aus, und wenn es nicht zu drastischen Veränderungen kommt, könnte die Stadt bald unter erheblichem Wassermangel zu leiden haben.

Eine Lagune voller Fischer am Rande der Welt

36. *Atoll Ontong Java · Salomonen*

Auf dem isoliert liegenden tropischen Atoll Ontong Java, der nordöstlichsten Inselgruppe der Salomonen, leben die Menschen seit mindestens 2000 Jahren vom Fischfang und Sammeln von Kokosnüssen.

Es ist eines der größten Atolle der Erde – mit einer Landfläche von insgesamt zwölf Quadratkilometern, der Großteil davon weniger als zwei Meter über dem Meer. 122 kleine Koralleninseln umgeben eine Lagune mit einer Fläche von mehr als 2500 Quadratkilometern. Nur zwei der größten Inseln sind dauerhaft bewohnt; mit einer Bevölkerung von 2000 Menschen ist dies eine der kleinsten und abgelegensten Gemeinschaften der Erde.

Die Inselbewohner leben von Kokosnüssen und Fischen. Auf den größeren Inseln bauen sie die tropische Taropflanze an,

deren Knollen ein wichtiger Teil ihrer Nahrung sind. Der Taro wird in Süßwassersümpfen angebaut, die künstlich vertieft werden, um Mulchgruben zu bilden.

Die Korallenriffe und Lagunen sind der Lebensraum einer Vielfalt von Meerestieren, und die Menschen fangen hier Seegurken, die auf den Märkten Hongkongs verkauft werden. Und sie tauschen Kopra – das getrocknete Fruchtfleisch der Kokosnuss – gegen Gebrauchsartikel oder Bargeld ein.

Der Klimawandel dürfte das Atoll in weniger als einem Jahrhundert vollständig verändern. Die Korallen, deren abgelagerte Außenskelette das Fundament des Atolls bilden, schützen die Küste. Jeder Temperatur- oder Säureanstieg im Meerwasser kann sie schließlich vernichten. Bei einer Erhöhung des Meeresspiegels würde zudem Salzwasser ins Agrarland vordringen, das Süßwasser verunreinigen und die tief liegenden Teile des Atolls überfluten. Die Auswirkungen auf das Atoll Ontong Java, auf seine Menschen, auf die Seevögel, die auf den Inseln brüten, und die vielen Fischarten, die zwischen den Korallen leben, wären verheerend.

James P Blair/Getty Images

Ein Ort – so wirklich, wie sein Lehm hart ist

Für viele Menschen des Abendlands ist Timbuktu geheimnisumwoben; es existiert mehr in den Köpfen als auf den Landkarten. Redewendungen wie »bis nach Timbuktu« charakterisieren es als abgelegenen, exotischen Ort am Rande der Welt.

Die Stadt Timbuktu ist jedoch durchaus real. Sie liegt im westafrikanischen Staat Mali, grenzt an die Sahara, war einstmals eine wirtschaftliche und kulturelle Drehscheibe und profitierte von ihrer bevorzugten Lage am Knotenpunkt der durch die Sahara führenden Handelsrouten. Die drei großen Moscheen, die in Timbuktus Goldenem Zeitalter vom 14. bis 16. Jahrhundert gebaut wurden, stehen noch heute und gehören zum UNESCO-Welterbe.

Miteinander bildeten die drei Moscheen einst die berühmte Universität von Timbuktu, die als ein Zentrum des Wissens Gelehrte aus der gesamten islamischen Welt anzog. In den offenen Innenhöfen der Moscheen und in privaten Wohnhäusern wurden die Studenten im Koran, in Logik, Mathematik, Astronomie und Geschichte unterwiesen.

In der florierenden Vergangenheit der Stadt waren Bücher wertvolle Güter, und private Bibliotheken wuchsen in den Häusern der ansässigen Gelehrten an. Das gesammelte Wissen von Timbuktu ist in diesen Manuskripten erhalten, die seither zumeist versteckt als Familiengeheimnis verwahrt werden. Man schätzt, dass es in der Gegend noch zwischen 300 000 und 700 000 solcher Manuskripte gibt.

Die hauptsächlich aus Lehm gebauten Moscheen sind sehr empfindlich für den Klimawandel. Eindringender Sand – wohl eine Folge von Landbau und Überweidung – ist eine ständige, zunehmende Bedrohung für die Moscheen. Die Erderwärmung wird die Temperaturen in der Gegend weiter steigen lassen, und extreme Niederschläge dürften noch häufiger und heftiger eintreten. Dieses Zusammenwirken extremer Klimabedingungen wird die Moscheen schädigen und Timbuktus großartige Vergangenheit endgültig ins Reich der Mythen befördern.

38. *Monteverde-Nebelwald · Costa Rica*

100 Prozent Feuchtigkeit während 100 Prozent der Zeit

Der Nebelwald von Monteverde ist ein tropischer Regenwald, der in mehr als 1700 Meter Höhe über dem Meer im Zentrum Costa Ricas liegt. Mit seinen majestätischen Bäumen, die von Orchideen, Bromelien, Farnen, Ranken und Moosen geschmückt sind, bildet er den Lebensraum einer Vielzahl seltener Tier- und Pflanzenarten.

Monteverde bedeutet auf Spanisch »grüner Berg«. Der Nebelwald ist das natürliche Habitat von mehr als hundert Säugetier- und 400 Vogelarten, davon 30 verschiedenen Kolibris. Unter den Zehntausenden unterschiedlicher Insekten sind über 5000 Arten von Motten. Nimmt man noch die 2500 Pflanzenarten hinzu, darunter 420 verschiedene Orchideen, hat man hier ein absolut einzigartiges tropisches Naturschutzgebiet der Neuen Welt.

Im Laufe von Jahrtausenden hat sich das Ökosystem des Nebelwaldes an die Temperatur und Feuchtigkeit angepasst, die von der Wolkendecke über den Bergen bestimmt werden. Die Luftfeuchtigkeit beträgt fast das ganze Jahr hindurch hundert Prozent, und jede Veränderung der Temperatur und der Wolkendecke hätte gravierende Auswirkungen auf das Ökosystem.

Wenn die Temperaturen steigen, ziehen sich die Wolken auf größere Höhen zurück. Ein Temperaturanstieg um 1 bis 2 °C im Laufe der nächsten 50 Jahre würde sich wesentlich auf die Vielfalt und die Zusammensetzung der Arten in tropischen Nebelwäldern auswirken. Selbst in Gegenden mit verhältnismäßig geringem Temperaturanstieg wären einige Arten vom Aussterben bedroht, weil sie nicht imstande sind, höher hinauf in die Berge zu wandern.

Bis 2080 sollen die Regenmengen in Costa Rica um fünf bis zehn Prozent abnehmen und die Temperaturen um etwa 2,5 °C steigen.

Andy Nelson/Getty Images

James L. Stanfield/Getty Images

Land des Donnerdrachen

Seit 1200 Jahren ist der Buddhismus die beherrschende Religion im kleinen Königreich Bhutan, das eingezwängt zwischen Tibet und Indien an den Südhängen des Himalaja liegt. Bhutan ist mit seiner Fläche von 38 000 Quadratkilometern etwa so groß wie die Schweiz und erstreckt sich über eine zerklüftete Gebirgslandschaft mit tiefen Tälern und schneebedeckten Gipfeln.

Die Einheimischen nennen es *Druk Yu*, das »Land des Donnerdrachen«. Der offizielle Name, Bhutan, soll sich aus dem Sanskrit herleiten und »am Ende von Tibet« bedeuten.

Im 17. Jahrhundert wurden Klosterburgen – *dzong* in der Landessprache Dzonghka – überall im Land zum Schutz vor tibetischen Eindringlingen gebaut. Viele dieser Festungen werden heute noch als Klöster genutzt, einige sind allerdings abgebrannt, so auch Sey Dzong, dessen Ruinen am Fuß des heiligen Berges Chomolhari stehen.

Bevor Bhutan 1970 Mitglied der Vereinten Nationen wurde, lebte das Land in selbst gewählter Isolation. Seine 600 000 Einwohner hatten keinerlei Kontakt zur Außenwelt, und Fremde erhielten keinen Zugang.

Seit Jahrhunderten ist die Bevölkerung auf das Schmelzwasser von den Gletschern der hohen Berge angewiesen, um ihr Ackerland zu bewässern. Neuerdings nutzt Bhutan die Wasserkraft auch zur Energiegewinnung.

Der Klimawandel führt zum verstärkten Abschmelzen der Gletscher. Das rapide Anschwellen des Zuflusses von Schmelzwasser in die Gletscherseen hoch in den Bergen stellt eine Bedrohung für die in den Tälern lebenden Bhutaner dar. Es besteht die Gefahr, dass die Uferdämme der Seen brechen und Erdrutsche und Überschwemmungen auslösen, wodurch Ackerland, die Infrastruktur und die alten Dzongs zu Schaden kämen.

Und irgendwann werden die Gletscher auf dem heiligen Berg Chomolhari und anderen Himalajagipfeln ganz verschwunden sein.

Wo Seenomaden zwischen den Korallen tauchen

Die blauen Gewässer und weißen Korallenriffe vor der Westküste von Myanmar und Thailand sind die Heimat der Selung, auch bekannt unter

Die Moken können lange, ausdauernd und ohne Atemgerät in tiefen Gewässern tauchen. Ihr Sehvermögen unter Wasser ist besser ausgeprägt als bei allen anderen Menschen. Nur in der Monsunzeit suchen die Moken Schutz auf den Inseln im östlichen Teil der Andamanensee. Wenn sie an Land gehen, findet eine zeremonielle Feier statt, bei der sie Meeresschildkröten essen und die Geister anrufen. Wie auch die Moken verbringen die Schildkröten die meiste Zeit ihres Lebens im Meer und nicht auf dem Land.

Nicholas Reynard/Getty Images

Nicholas Reynard/Getty Images

Die Wald-menschen

Orang-Utans, die letzten großen Menschenaffen Asiens, sind eine bedrohte Art. Ihre in der Wildnis lebende Gesamtpopulation beläuft sich mittlerweile auf 40 000 bis 50 000, das ist die Hälfte der vor zwei Jahrzehnten geschätzten Anzahl. Viele leben in den Regenwäldern Borneos, etwa 7500 auf Sumatra.

Orang-Utans, deren Arme die doppelte Länge ihrer Beine haben, sind die größten auf Bäumen lebenden Tiere unseres Planeten. Man sieht sie selten am Boden, denn sie ziehen es vor, sich von Baum zu Baum zu schwingen, Früchte, Blätter, Rinden und Insekten zu fressen und in Nestern aus Zweigen und Blattwerk zu schlafen.

Der Name Orang-Utan bedeutet »Waldmensch« und setzt sich aus den malaiischen und indonesischen Wörtern *orang* (Person, Mensch) und *hutan* (Wald) zusammen. Der hochintelligente Orang-Utan ist einer der nächsten Verwandten des Menschen, mit dem er 96,4 Prozent der DNA teilt. Man hat beobachtet, dass die Tiere Esswerkzeuge benützen, sich Hüte als Regenschutz formen und wasserdichte Dächer über ihren Nestern anfertigen.

Borneos Regenwald wird jedoch immer mehr seiner Bäume beraubt. Legales und illegales Holzfällen, der Bau von Straßen und die Rodung von Wald für riesige Ölpalmenplantagen führen zu einer um sich greifenden Zerstörung. Das alles hat verheerende Folgen für den Orang-Utan und andere Tierarten wie den bedrohten Borneo-Zwergelefanten und das Borneo-Nashorn. Palmöl ist ein wichtiges Exportprodukt Indonesiens und Malaysias, das die wachsende Nachfrage westlicher Länder nach Pflanzenöl und Biobrennstoffen bedient.

Die globale Erwärmung ist eine weitere Belastung für die Orang-Utan-Population. Steigende Temperaturen verringern den Fruchtreichtum und führen zu verstärktem Auftreten von Malaria und Waldbränden. Holzeinschlag und landwirtschaftliche Nutzung sind die Hauptursachen, wenn 98 Prozent der natürlichen Regenwälder auf Borneo und Sumatra bis 2022 verloren gehen. Wenn jetzt keine durchgreifenden Maßnahmen eingeleitet werden, dürfte der Orang-Utan der erste der großen Menschenaffen sein, der zum Aussterben verurteilt ist.

250 Korallenarten lassen das Leben gedeihen

Das Meer rund um Komodo und seine Nachbarinseln ist dank seiner sagenhaften unberührten Korallenriffe und der Schwärme farbenprächtiger Fische in allen Formen und Größen eines der schönsten Tauchparadiese der Erde.

Die Insel Komodo gehört zum Komodo-Nationalpark, der 1980 gegründet wurde, um die Komodowarane zu schützen, die auf der zerklüfteten Insel herumspazieren. Mit einer Länge von bis zu drei Metern und über 70 Kilogramm Gewicht sind sie mit die größten Eidechsen der Erde. Der Park wurde gegründet, um die gesamte Artenvielfalt dieser Gegend zu Land und im Meer zu schützen. 1986 wurde das gesamte Gebiet zum UNESCO-Welterbe erklärt.

Das mannigfaltige Unterwasserleben im Meer rund um Komodo kommt durch die Vermischung starker Strömungen warmen tropischen Wassers aus der Floressee mit kalten Strömungen aus dem Indischen Ozean zustande. Moderate Wassertemperaturen von 24 bis 28 °C schaffen optimale Bedingungen für die 250 Korallenarten, die in diesen Gewässern gedeihen und einen unverzichtbaren Teil des Ökosystems bilden. Die Korallen sind ein Habitat für nahezu tausend Arten von Fischen, Walhaie, Mantarochen, Adlerrochen, Blaugeringelte Kraken, Zwerg-Seepferdchen und Meeresschildkröten – alles in allem ist dies eines der faszinierendsten Gewässer der Erde.

Der Klimawandel wird voraussichtlich dieses Reich einzigartiger Schönheit aus dem Gleichgewicht bringen. Steigende Meeresspiegel drohen auf den Inseln Mangrovenwälder und Strände, an denen die Meeresschildkröten ihre Eier ablegen, zu überfluten und auszuwaschen.

Im Meer dürften die zunehmende Versauerung und steigende Oberflächen-Wassertemperaturen schließlich die Korallen töten. Damit wäre nicht nur der Schutz, den die Korallen den Inselküsten bieten, gefährdet; der Verlust der Korallen hätte schlimmste Auswirkungen auf die gesamte hiesige Meeresfauna und -flora und könnte zum Verlust dieser natürlichen Schönheit und Vielfalt führen.

Tim Laman/Getty Images

Hauptstadt der Dynastien

43. *Peking · Volksrepublik China*

Peking ist die Hauptstadt Chinas und nach Shanghai die zweitgrößte Stadt des Landes. Viele der 17 Millionen Einwohner verzichten inzwischen zugunsten von Autos auf ihre berühmten Fahrräder. Riesige Straßenüberführungen und mehrspurige Stadtautobahnen haben Peking in eine gewaltige Verkehrsdrehscheibe verwandelt; auch Chinas wichtigster internationaler Flughafen befindet sich hier.

Peking ist nicht nur eine pulsierende moderne Metropole, sondern auch eine der vier großen alten Hauptstädte Chinas. Die Herrscherdynastien der Jin, Yuan, Ming und Qing hatten ihren Regierungssitz hier. Überall finden sich Kulturdenkmäler, darunter die Chinesische Mauer, die Verbotene Stadt, der Himmelstempel und der Sommerpalast.

Am 1. Oktober 1949 verkündete der Vorsitzende Mao Tse-tung auf dem Platz des Himmlischen Friedens, dass Peking die Hauptstadt der neuen Volksrepublik China sein solle. Seither hat sich die Stadt gewaltig ausgedehnt. Die Zweite Ringstraße, die 1981 auf dem Grund der inneren Stadtmauer gebaut wurde, ist seither von einem weiteren Straßenring nach dem anderen umgeben worden. Der neueste ist die Sechste Ringstraße, die 15 bis 20 Kilometer vom Stadtkern Pekings entfernt verläuft.

Die Stadt mag sich ausdehnen, aber die Wüste drängt in sie hinein. Peking wird von Sandstürmen geplagt, die aus der Inneren Mongolei heranwehen, die Sichtweite auf weniger als 50 Meter reduzieren und die Menschen zwingen, zum Schutz Masken zu tragen oder zu Hause zu bleiben. 2005 fegte einer dieser Stürme fast 330 000 Tonnen Sand und Dreck in die Stadt. Zusammen mit dem unablässigen Verfeuern von Kohle und dem erheblich zunehmenden Verkehr verursachen die Sandstürme starke Luftverschmutzung. In den letzten 50 Jahren sind die Temperaturen vor allem im nördlichen China angestiegen, und sie werden es im Verlauf des Jahrhunderts immer schneller tun. Bei den unvorhersehbaren Niederschlagsverhältnissen wird dies zu verschlechterter Wasserversorgung in Pekings Umgebung führen, zu schlimmerer Desertifikation und immer wieder zu sandbedeckten Straßen.

Manche glauben, wir hätten eine Wahl

Wir müssen uns beständig zusammenschließen und unsere Stimmen erheben, wir müssen Technik und Wirtschaft und kreative Lösungen nutzen, um unsere Entschlossenheit kundzutun, gefährdete Orte und einzigartige Kulturen zu retten.

Ich habe einen großen Teil meines künstlerischen Lebens damit zugebracht, zu verkünden, wie wichtig es ist, unser Verhalten zu ändern, und wie notwendig, es auch wirklich zu tun. Manche glauben, wir hätten eine Wahl; ich aber sehe es als lebenswichtigen Teil unserer Entwicklung. Von Umwelt- bis zu Menschenrechtsfragen – der Bezug zu unserem Alltag lässt sich nicht leugnen. Wir sind eine Menschheit auf dieser Erde, und wir müssen als eine Menschheit handeln. Ich erinnere mich, wie Nelson Mandela mir seine Häftlingsnummer 46664 gab, um mich im Kampf gegen Aids zu unterstützen: welch eine Ehre und Verantwortung!

Die Kraft wahrzunehmen, mit der ein einzelner Mensch ohne Rücksicht auf sich selbst in der Welt etwas bewirken kann, ist die größte Inspiration für uns alle. Bei »Eurythmics« widmeten Annie Lennox und ich eine ganze Welttournee Umweltproblemen und Menschenrechten; wir erhielten dabei riesige Geldbeträge und enorm viel Aufmerksamkeit für den guten Zweck. Doch wie erfolgreich das auch gewesen sein mag – uns war beiden klar, dass dieser Kampf an allen Fronten weitergehen musste, jeden Tag und durch jeden von uns.

Wir müssen uns beständig zusammenschließen und unsere Stimmen erheben, wir müssen Technik und Wirtschaft und kreative Lösungen nutzen, um unsere Entschlossenheit kundzutun, gefährdete Orte und einzigartige Kulturen zu retten.

Dave Stewart ist der legendäre englische Songschreiber der New-Wave-Gruppe »Eurythmics«, die er gemeinsam mit Annie Lennox gründete. Er ist Produzent, Unternehmer und Mitbegründer von LoverEarth, Inc.

Søren Rud

Ein tosender Wirbel aus Dreck und Wasser

Jedes Jahr strömen 57 Millionen Kubikmeter Schlamm in die trübe Mündung des Rio de la Plata, wo sich das Süßwasser aus den Flüssen Paraná und Uruguay in einem vom Wind und Gezeitenwechsel aufgewühlten tosenden Wirbel mit dem Salzwasser des Südatlantiks vermischt.

An ihrer weitesten Stelle misst diese gewaltige Mündung 220 Kilometer, sie ist damit die breiteste Flussmündung der Erde überhaupt. Buenos Aires, die Hauptstadt Argentiniens, liegt an ihrer Südküste, an ihrer Nordostküste Montevideo, die Hauptstadt von Uruguay. Die Böden im Gebiet des Mündungstrichters sind nährstoffreich und fruchtbar.

Der Rio de la Plata ist der natürliche Lebensraum einer Anzahl bedrohter Arten, darunter Meeresschildkröten und die seltenen La-Plata-Delfine, die einzigen Flussdelfine, die im Meer und in Salzwassermündungen leben.

Im Mündungsgebiet ist auch der Trommler beheimatet, ein Umberfisch, der wie ein Frosch quakt. Alljährlich zwischen Oktober und Januar wandern die Trommler in der Mündung aufwärts, wo sie im Flussbett laichen und sich von Muscheln ernähren. Seit Generationen bildet der Trommler den wichtigsten Fang der einheimischen uruguayischen Fischer und die Hauptnahrungsquelle für die bedrohten Delfine.

Die Industrialisierung des Fischfangs und die Wasserverschmutzung machen den Trommlern sehr zu schaffen, und auch der Klimawandel setzt ihnen zu. Jede Änderung des Klimas, die stärkere Stürme und höhere Meeresspiegel verursacht, führt zu Überflutungen der Küstengebiete des Rio de la Plata und kann das labile Gleichgewicht des Ökosystems zum Kippen bringen, die Futterplätze des Trommlers zerstören und damit seinen Fortbestand bedrohen.

Domino/Getty Images

Eine Fülle an Nahrung und Menschen

Der britische Entdecker Captain James Cook gelangte 1769 nach Neuseeland. Er kartierte den gesamten Küstenverlauf und bemerkte den Überfluss an Früchten und anderer Nahrung in den Dörfern der Maori, die entlang der Ostküste der Nordinsel lebten. Deshalb nannte er die Gegend Bay of Plenty – »Bucht des Überflusses«.

Die ersten Maori waren schon 500 Jahre vor Cook nach Neuseeland gekommen und bei Mauao (dem Ort Mount Maunganui) in der Mitte der Bucht gelandet. Auch sie zog der Nahrungsreichtum der Gegend an.

Die Region Bay of Plenty erstreckt sich über 9500 Quadratkilometer entlang der Küste von der Coromandel-Halbinsel im Westen bis zu Cape Runaway im Osten und zieht heute mit ihren endlosen weißen Stränden, beeindruckenden natürlichen Häfen, warmen Sommern und milden Wintern das ganze Jahr hindurch Taucher, Kajakfahrer, Kitesurfer und Touristen an.

Am Hafeneingang der Stadt Tauranga erhebt sich der heilige Berg von Mauao. Tauranga ist eine der am schnellsten wachsenden Städte von Neuseeland; es hat seine Größe innerhalb von 25 Jahren verdreifacht und zählt heute etwa 116 000 Einwohner. Die wunderschöne Küste vor Tauranga und seine Vororte ist eine sehr begehrte Wohngegend, in den letzten Jahren gab es einen wahren Bauboom in der ganzen Bay of Plenty. Er wird anhalten, und bis 2050 dürfte sich die Bevölkerung an der Bucht verdoppeln oder sogar verdreifachen.

Steigende Meeresspiegel und zunehmende Sturmfluten werden in der Bay of Plenty zu Bodenerosion und Überschwemmungen führen. Die rasch wachsende Bevölkerung und die fortschreitende Bautätigkeit an der Küste erhöhen die Anfälligkeit für die Folgen der Erosion; Häuser und Infrastruktur geraten gleichermaßen in Gefahr.

Eine weitere Auswirkung des globalen Klimawandels besteht darin, dass bis 2080 alle fünf bis zehn Jahre mit einer schweren Dürre und einer erhöhten Brandgefahr um 10 bis 50 Prozent zu rechnen ist. Trockenheit und Brände führen zum Verlust von Waldbeständen und Agrarflächen und zwingen die Landwirte, ihre Anbauweise zu ändern – eine ernste Bedrohung für die Fruchtbarkeit und die Fülle, die der Bucht ihren Namen gaben.

Anders Blomqvist/Getty Images

46. Schärenmeer vor Turku · Finnland

Eher Labyrinth als Meer

Durch das Labyrinth der Schären vor der finnischen Ostseeküste zu navigieren ist wegen der Untiefen und Felsen dicht unter der Wasseroberfläche eine riskante Sache. Der Archipel besteht aus etwa 40 000 Inseln, sofern man jeden Felsen zählt, der sich über die Meeresoberfläche erhebt; aber nur 257 von ihnen sind mehr als einen Quadratkilometer groß, und noch weniger davon sind bewohnt.

Die Inseln entstanden nach der letzten Eiszeit vor etwa 10 000 Jahren, sie befinden sich noch immer in einem nacheiszeitlichen Prozess und heben sich jährlich um vier bis zehn Millimeter weiter aus dem Meer. Die alten Inseln wachsen, und neue, kleine Inseln tauchen fortwährend aus dem seichten Wasser auf, dessen Durchschnittstiefe nur 23 Meter beträgt.

In kalten Wintern friert das Meer zu, so dass man auf dem Eis fahren kann. Auf dem Eis werden offiziell Straßen markiert, die die Inseln verbinden.

Seit Jahrhunderten ist Fisch die wichtigste Nahrungsquelle der Inselbewohner; auch wenn Ernten ausfielen, gab es immer noch den Fisch. Trotz der Zunahme des Tourismus ist der Fischfang nach wie vor die Haupteinnahmequelle dieser Region; besonders beliebt sind der Ostseehering und die Regenbogenforelle.

Das Schärenmeer ist durch die sogenannte Eutrophierung bedroht: Düngemittel und Nährstoffe, die durch Abwässer und Oberflächenabfluss ins Meer gelangen, regen die Algenblüte in seichten, brackigen Gewässern wie dem Schärenmeer übermäßig an. Dadurch wird das Wasser trüb, die Algenblüte verringert den Sauerstoffgehalt des Wassers und damit die verfügbare Nahrung, die Gesundheit von Fischarten wie Lachs, Forelle und Ostseehering ist bedroht.

Der globale Klimawandel und die dadurch steigenden Temperaturen, die Verringerung der Eisdecke und die zunehmenden Regenfälle im Winter werden voraussichtlich die Eutrophierung vorantreiben – mit schädlichen Folgen für die Artenvielfalt, den Tourismus und den Fischfang im Schärenmeer.

George F. Mobley/Getty Images

47. *Caracas · Venezuela*

Der gefährliche Geburtsort von *El Libertador*

Die spanischen Konquistadoren verdrängten 1567 die Einheimischen aus diesem wunderschönen Tal im Norden Südamerikas und gründeten hier zwischen den grünen Bergen an der Küste, der Cordillera de la Costa, die Stadt Caracas. Etwa 200 Jahre später wurde hier »El Libertador« geboren, wie man Simón Bolívar nannte, der die Befreiung des heutigen Kolumbien, Venezuela, Bolivien, Peru, Ecuador und Panama von den Spaniern anführte.

Der Unabhängigkeitskrieg wurde 1819 bis 1823 siegreich beendet, ein Jahrzehnt nachdem Bolívar und seine Anhänger in Caracas vorzeitig die Unabhängigkeit ausgerufen hatten. Ein Jahr nach Beginn der Revolution wurde Caracas von einem Erdbeben heimgesucht, das die Stadt zerstörte und das Tal in einen Friedhof verwandelte – ein Ereignis, das die Spanier als göttliche Vergeltung interpretierten. Die prosaische, aber ebenso tragische Wahrheit ist, dass das Beben Erdrutsche auslöste, die Tausende von Tonnen Erde und Geröll an den steilen Berghängen hinab ins Tal stürzen ließen. So etwas kann leicht wieder geschehen, ausgelöst von wolkenbruchartigen Regengüssen oder Erdbeben.

48. *Westliche Hudson Bay · Kanada*

An der Spitze der Nahrungskette

Mit dicker Fettschicht und besonders dickem Fell, kleinen Ohren und kurzem Schwanz ist der Eisbär für das Überleben im eisigen Norden perfekt ausgerüstet. Sein Problem ist nicht die Kälte, sondern die Wärme, und deshalb bewegt er sich auch nur gemächlichen Schrittes.

Der Eisbär streift im Nordpolarmeer und in angrenzenden Gebieten wie der kanadischen Hudson Bay umher. Das Tier steht an der Spitze der Nahrungskette der Arktis und verbringt die meiste Zeit des Jahres auf dem Meereis, wo es Robben jagt.

Mit seinem feinen Geruchssinn spürt ein Eisbär die Atemlöcher der Robben im Eis auf. Geduldig wartet er stunden- oder sogar tagelang auf den Augenblick, in dem sein Opfer zum Atemholen auftaucht.

In der westlichen Hudson Bay beginnt das Eis im späten Frühjahr zu schmelzen und aufzubrechen. Da der Eisbär jetzt nicht mehr Robben jagen kann, verfällt er in eine Art Winterschlaf und zehrt von seinen Fettreserven.

Der Eisbär, dessen Gesamtpopulation man auf 22 000 bis 25 000 Tiere schätzt, wird als gefährdete Art eingestuft. Heute stellt die globale Erwärmung die größte Bedrohung für ihn dar. Steigende Temperaturen lassen das Eis jedes Jahr früher schmelzen, weshalb die Bären keine ausreichenden Fettreserven mehr aufbauen können und längere Hungerperioden überstehen müssen.

Das Eis der westlichen Hudson Bay bricht heute drei Wochen früher auf als Anfang der 1970er Jahre. Die Zahl überlebender Neugeborener und Jungbären ist infolge des Verhungerns der jungen Tiere bereits zurückgegangen; überhaupt sind Bären aller Altersstufen nicht mehr so gesund. Innerhalb der nächsten 35 bis 50 Jahre ist ein Schrumpfen der Gesamtpopulation um über 30 Prozent zu erwarten, und in hundert Jahren dürften Eisbären in den meisten ihrer Verbreitungsgebiete ausgestorben sein.

Norbert Rosing/Getty Images

Michael Fay/Getty Images

Labiles Gleichgewicht im Mangrovensumpf

Die Republik Madagaskar, die viertgrößte Inse der Erde, ist etwas größer als ihre frühere Kolonialmacht Frankreich und liegt rund 800 Kilometer vor der Küste Ostafrikas im Indischen Ozean. Schon vor 80 Millionen Jahren wurde die Insel vom Festland getrennt, deshalb ha sich hier eine einzigartige Mischung endemischer Pflanzen und Tiere entwickelt, die sons nirgends auf der Erde zu finden sind.

Das zentrale gebirgige Hochland schützt das 3300 Quadratkilometer große Mangroven-Feuchtgebiet entlang der Westküste vor der Passat- und Monsunwinden aus dem Osten. Und Korallenriffe schützen dieses Gebiet vor der Meeresdünung der Straße von Mosambik

Zwischen dem Wurzelgeflecht der Mangroven leben unzählige Gesellschaften von Mollusken und Krebstieren, Schildkröten unc tropischen Fischen und bieten den seltenen einheimischen Vogelarten – wie der Bernier-Ente, dem Madagaskar-Regenpfeifer, dem Madagaskar-Zwergfischer oder dem Madagaskar-Seeadler – reichlich Nahrung. Die Mangroven sind auch ein wichtiges Habitat fü Zugvögel wie Regenpfeifer, Rosenfußlöffler und Silberreiher.

Bei einem Tidenhub von bis zu vier Metern und dem Zulauf vor Süßwasser aus den zahlreichen Flüssen von den Bergen hängt das besonders sensible Ökosystem der Mangroven – und, nicht zu vergessen, die hier kommerziell betriebene Krabbenzucht – vom Salzgehalt des Wassers ab. Jeder Anstieg des Meeresspiegels oder de Ozeantemperatur als Folge der globalen Erwärmung kann da Gleichgewicht zum Kippen bringen. Höhere Temperaturen könnter in Verbindung mit einer Versauerung schließlich die Korallenriffe zerstören, die die Mangroven schützen, und damit das Eindringen von Salzwasser verschlimmern.

Das Ergebnis wäre ein dramatischer Rückgang der Mangroven unc damit eine Bedrohung der Krabbenfarmen und des Lebensraumes der eine so große Vielfalt des Tierlebens ermöglicht.

Willkommen am Ende der Welt!

Die Halbinsel Jamal liegt im äußersten Norden Sibiriens, wo der Boden dauergefroren ist und die Temperaturen in der Tundra im Winter bis auf -50 °C absinken können.* Jamal *bedeutet auf Samojedisch »Ende der Welt«.

Nach wie vor wird auf Jamal Rentierzucht im großen Stil und auf traditionelle Weise betrieben. Die 300 000 wilden Rentiere auf der Halbinsel haben sich den sibirischen Jahreszeiten angepasst. Im Sommer, wenn die oberste Schicht des Dauerfrostbodens antaut, weiden sie im Norden. In der grimmigen Kälte des Winters wandern sie zur mittelsibirischen Ebene südlich des nördlichen Polarkreises.

Ihren Herden folgen die Nenzen, in Nordwestsibirien heimische Nomaden, deren Leben und Kultur gänzlich von den Rentierwanderungen abhängen. Die Nenzen sind das einzige Hirtenvolk der Erde, das in völliger Harmonie mit den Rentieren lebt und das ganze Jahr hindurch den wandernden Herden über Tausende von Kilometern folgt.

Während dieser Wanderungen dehnen sich enorme Karawanen bis zu acht Kilometer lang aus; einige Rentiere ziehen mit Menschen, ihrer Habe und Zeltausrüstung beladene Schlitten. Die Temperaturen liegen im Winter durchschnittlich weit unter -25 °C, und die Nenzen tragen Mäntel aus mehreren Schichten von Rentierfellen.

Durch die globale Erwärmung dürften sich im Laufe der nächsten 70 bis 90 Jahre die Durchschnittstemperaturen um 7 °C erhöhen – mit gravierenden Folgen für den Dauerfrostboden. Im wärmeren Wetter können mehr Bäume auf der Tundra wachsen, auf der die Rentiere weiden. Wenn der Permafrostboden taut und der Boden aufweicht, können sich die Herden nicht mehr darauf bewegen. Wenn das geschieht, ist die tausend Jahre alte Nomadenkultur der Nenzen in Gefahr.

Maria Stenzel/Getty Images

Während des 20. Jahrhunderts hat die Bevölkerungszahl der Nenzen ständig zugenommen. Die Kinder besuchen Internatsschulen, ehe sie sich entscheiden, ob sie in der Tundra oder in einer Stadt leben wollen. Viele wählen die Tundra, weil sie mit dem Verkauf von Rentierfleisch besser verdienen können – und weil das Nomadenleben mehr Freiheit bietet.

Nach der Vorstellung der Nenzen boten sich ihnen in einer mythischen Vergangenheit die Rentiere als Nahrung und Lasttiere an, und die Nenzen willigten im Gegenzug ein, sie auf ihrer langen Reise zu begleiten und vor Raubtieren zu schützen.

Maria Stenzel/Getty Images

Maria Stenzel/Getty Images

Königliche Grafschaft der Erdäpfel und grünen Weiden

51. *Grafschaft Meath · Republik Irland*

Seit frühester Zeit hat die County Meath – die oft als »Königliche Grafschaft« bezeichnet wird, obwohl sie tatsächlich »Grafschaft in der Mitte« heißt – eine zentrale Rolle in der irischen Geschichte gespielt. Einige ihrer Begräbnisstätten stammen aus der Jungsteinzeit um 3500 v. Chr. Seit dem 8. Jahrhundert n. Chr. hatte der Hochkönig von Irland seinen Sitz auf Tara im Königreich Mide, wie es damals hieß. 1176 wurde Trim, die größte anglonormannische Burg in Irland, hier erbaut.

Meath mit seinen fruchtbaren Böden und einer starken landwirtschaftlichen Tradition ist Irlands größter Kartoffellieferant. Die Kartoffel – auch »Erdapfel« genannt – hat in der irischen Geschichte eine besondere Bedeutung. Als sie, aus Südamerika eingeführt, Anfang des 17. Jahrhunderts in Europa angebaut wurde, wurde sie bald das Hauptnahrungsmittel der Iren. Ein männlicher Landarbeiter verzehrte an die sechs Kilogramm Kartoffeln am Tag.

Zwischen 1845 und 1849 wurde Irland von der Kartoffelfäule heimgesucht, die zu einer großen Hungersnot führte. In einem Jahr gingen zwei Drittel der Ernte verloren; zwischen 1846 und 1851 verhungerten 1,5 Millionen Menschen oder starben an durch den Hunger bedingten Krankheiten. Damals wanderte eine Million Menschen in die USA aus, viele andere gingen nach England, Kanada und Australien. Heute verzehren die 4,4 Millionen Bürger der Republik Irland pro Kopf im Jahr durchschnittlich 87,5 Kilogramm Kartoffeln.

Im Laufe der nächsten 45 bis 65 Jahre werden infolge des globalen Klimawandels die Sommertemperaturen in Irland voraussichtlich um 2,5 bis 3,5 °C steigen und die Regenmengen im Sommer und Herbst um 25 Prozent sinken. In einigen östlichen Teilen des Landes, so auch in der County Meath, könnte sich der Niederschlag um mehr als 40 Prozent verringern. Solch eine Veränderung des Klimas hätte Dürren zur Folge und bedeutete damit das Ende der Kartoffel als wirtschaftlich rentables Erntegut für ganz Irland, besonders den Osten.

IIC/Axiom/Getty Images

James P Blair/Getty Images

Die bengalische Kornkammer

»Ich kann deine Wellen nicht halten«, sagt das Ufer zum Fluss. »Lass mich deine Spuren im Herzen behalten.«

Diese Worte des bengalischen Dichters und Literaturnobelpreisträgers Rabindranath Tagore – des »Barden von Bengalen« – wirken heute so weitblickend wie vor fast einem Jahrhundert, als er sie schrieb.

Die beiden großen Ströme Ganges und Brahmaputra treffen am Golf von Bengalen zusammen. Die Nährstoffe aus den Flüssen reichern die Böden der Reisfelder im tief liegenden Gangesdelta an, und das ist für die einheimischen Bauern von entscheidender Bedeutung. Etwa 300 Millionen Menschen leben von den hiesigen Ernten, 130 Millionen davon leben im Delta selbst.

Das Delta erstreckt sich über gewaltige 105 000 Quadratkilometer, es dehnt sich damit über den gesamten Süden von Bangladesch aus und reicht noch in den indischen Staat Westbengalen hinein. Für die Folgen des Klimawandels ist das Delta extrem anfällig, denn sie würden verstärkte Regenfälle und häufigere und schlimmere Überflutungen sowie Hurrikane mit sich bringen.

Für unser Jahrhundert sind deutlich steigende Temperaturen und Meeresspiegel vorausgesagt; dadurch werden in den nächsten 50 Jahren Teile des Gangesdeltas ständig überflutet sein. Bis 2050 könnte eine Million Menschen gezwungen sein, ihr Ackerland im Delta zu verlassen.

Haupt des Himmels, Heimat der Sherpas

Die Himalaja-Gletscher bilden die größte Masse von Inlandeis auf der Erde; nur die Eismassen an den beiden Polen übertreffen sie. Die Gletscher speisen Flüsse, die ein Drittel der Weltbevölkerung mit Süßwasser versorgen.

Im östlichen Teil der Hochgebirgskette des Himalaja steht der mit 8848 Metern höchste Berg der Erde, der Mount Everest. Die Nepalesen nennen ihn Sagarmatha – das bedeutet wörtlich »Stirn des Himmels«. Der außerordentlich schöne Sagarmatha-Nationalpark wurde nach ihm benannt.

Diese Hochgebirgslandschaft aus Schnee, Eis, Fels und tiefen Tälern mit subalpiner Vegetation ist der Lebensraum seltener Tierarten wie des Schneeleoparden, des Moschushirsches und des Kleinen Panda. Hier leben auch etwa 6000 Angehörige des Volkes der Sherpa mit ihrer einzigartigen Kultur und Tradition.

Im letzten Jahrzehnt haben sich die Himalaja-Gletscher deutlich zurückgezogen. Ihr Abschmelzen führt dazu, dass sich Gletscherseen bilden und rasch ausdehnen, deren Uferdämme zu bersten sowie Überschwemmungen und Erdrutsche zu verursachen drohen – mit verheerenden Folgen für die Menschen und die Artenvielfalt der Region.

Das Abschmelzen der Gletscher ist dem sich selbst verstärkenden Albedo-Effekt unterworfen: Wenn sich eine schneebedeckte Fläche erwärmt und der Schnee schmilzt, schrumpft natürlich die weiße Oberfläche aus Schnee und Eis, die ja das Licht reflektiert, und der Boden absorbiert mehr Strahlungswärme des Sonnenlichts, als in die Atmosphäre zurückgestrahlt wird. Umso stärker steigt dann

Jim Richardson/Getty Images

»Chicago! Der Puls Amerikas«

Chicago ist seit seiner Gründung am Südostufer des großen Michigansees in den 1830er Jahren das Verkehrs-, Industrie- und Unterhaltungszentrum des Mittleren Westens. Die französische Schauspielerin Sarah Bernhardt spürte hier den Rhythmus Amerikas: »Ich verehre Chicago. Es ist der Puls Amerikas.«

Heute steht Chicago an dritter Stelle der bevölkerungsreichsten Städte der USA. Über 9,5 Millionen Menschen leben in der Metropolregion Chicago – im sogenannten Chicagoland. An den Ufern des Chicago River, der mitten durch die Innenstadt verläuft, erheben sich moderne Bauwerke und futuristische Hochhäuser.

Chicago gilt als ein Mekka der Musik, des Films, des Theaters und überhaupt der Kultur. Es ist ein Schmelztiegel, in dem sich Einwanderer jeglicher Herkunft finden. Sein berühmtester Sohn ist Präsident Barack Obama. Die Stadt zieht alljährlich 45 Millionen Touristen an.

Nicht zuletzt ist Chicago eine äußerst wichtige Drehscheibe für Verkehr und Transport. Ein 97 Kilometer langes unterirdisches Schienennetz für den Gütertransport umfasst den Innenraum der Stadt. Autobahnen verbinden sie mit anderen Städten des Mittleren Westens.

In den letzten 30 Jahren stieg die Temperatur in der Stadt um durchschnittlich 1,5 °C. 1995 starben bei einer starken Hitzwelle 700 Einwohner. 1986, 1996 und 2008 gab es schwere Überschwemmungen; sintflutartige Regenfälle legten Autobahnen und Schienenwege lahm, beschädigten Straßen und Brücken und setzten Grundstücke und Häuser in großen Teilen von Chicagoland unter Wasser.

Im weiteren Verlauf des 21. Jahrhunderts könnte Chicago infolge der globalen Erwärmung eine stetige, dramatische Zunahme von Hitzewellen und Überschwemmungen erleben. Lange Dürrezeiten im Sommer und heftige Starkregenfälle würden Infrastruktur und Verkehrssystem gleichermaßen schädigen.

Eine Zunahme heißer Sommertage mit Temperaturen über 43 °C sowie unvorhersehbare schwere Regenfälle und Überschwemmungen würden zudem noch mehr hitzebedingte Gesundheitsschäden verursachen und die Tourismusbranche in Mitleidenschaft ziehen. Ende des Jahrhunderts könnte das Klima in Chicago dem heutigen von Südstaaten wie Texas und Alabama gleichen.

Der Klimawandel stellt eine schwere Herausforderung für das Leben und die Lebensgrundlagen jedes Einzelnen dar, aber vor allem für diejenigen, die in Entwicklungsgesellschaften leben und von natürlichen und naturbedingten Ressourcen abhängig sind. Wenn die internationale Gemeinschaft es versäumt zu handeln, werden die Gesamtschäden durch den Klimawandel dem Verlust von jährlich mindestens fünf Prozent des globalen Bruttoinlandsprodukts entsprechen – jetzt und in Zukunft ...

Klimawandel und Lebensgrundlagen

ACHIM STEINER, EXEKUTIVDIREKTOR DES UN-UMWELTPROGRAMMS UNEP UND UNTERGENERALSEKRETÄR DER VEREINTEN NATIONEN

Lebensgrundlagen auf dünnem Eis

Bezieht man Risiken und Auswirkungen in größerem Umfang ein, könnte der Schaden auf 20 Prozent des Bruttoinlandsprodukts und darüber hinaus anwachsen. Im Gegensatz dazu rechnet der von UNEP und der Weltorganisation für Meteorologie WMO geschaffene Weltklimarat IPCC vor, dass Aufwendungen von weniger als einem Prozent des Bruttoinlandsprodukts während der nächsten 30 Jahre ausreichen würden, um das Schlimmste zu verhindern.

Die Herausforderung wird angesichts der Gletscher besonders deutlich, deren beschleunigtes Abschmelzen die Lebensverhältnisse und sogar das Leben vieler Menschen bedroht. Daten von etwa 30 beobachteten Gletschern in neun Gebirgen zeigen an, dass sich zwischen den Jahren 2004/05 und 2005/06 die Geschwindigkeit des Abschmelzens mehr als verdoppelt hat.

Der von UNEP unterstützte Welt-Gletscher-Beobachtungsdienst WGMS (World Glacier Monitoring Service) bestätigt die Voraussagen des IPCC im Jahr 2007. Diese deuten darauf hin, dass beispielsweise die Himalaja-Gletscher schon in der nahen Zukunft größtenteils verschwunden sein dürften, wenn nicht schleunigst Maßnahmen ergriffen werden, um den Ausstoß von Treibhausgasen zu reduzieren.

Wenn die Gletscher der Erde schmelzen

Die Zusammenhänge sind ernüchternd. Der gegenwärtige Verlauf der Gletscherschmelze lässt vermuten, dass Ganges, Indus, Brahmaputra und andere Flüsse im Tiefland Nordindiens in naher Zukunft infolge des Klimawandels zu periodischen Strömen werden könnten, was weitreichende Auswirkungen auf die Armut und die Wirtschaft in der Region hätte. Eine halbe Milliarde Menschen im Raum zwischen Himalaja und Hindukusch – und stromabwärts eine weitere Viertelmilliarde –, die auf das Schmelzwasser der Gletscher für ihre Trinkwasserversorgung, Landwirtschaft und Industrie angewiesen sind, könnten schwer in Mitleidenschaft gezogen werden.

Inzwischen herrscht auch Besorgnis wegen des Anwachsens großer Seen, in denen sich das Wasser der beschleunigten Gletscherschmelze sammelt, und wegen der Überflutungsgefahren, wenn die Uferdämme solcher Gletscherseen bersten und sich riesige Wassermassen in die Täler ergießen.

Eine neue Studie des mit Partnern wie UNEP zusammenarbeitenden Internationalen Zentrums für integrierte Gebirgsentwicklung (in acht Ländern des Himalaja-Hindukusch-Raumes) ICIMOD weist über 2300 solcher Gletscherseen aus. Feldstudien an sechs Gletscherseen in Bhutan verdeutlichen die potenzielle Gefahr für menschliche Siedlungen und ihre Lebensgrundlagen.

Die Besorgnis aufgrund schmelzender Gletscher beschränkt sich nicht auf Asien. In den Pyrenäen, so haben spanische Wissenschaftler kürzlich berichtet, sind Gletscher um bis zu 90 Prozent geschrumpft. Für die USA, wo Wasserkraftunternehmen in Kalifornien bereits nach Ersatzstrategien im Hinblick auf das Nachlassen der Schneeschmelze suchen, stellt der Weltklimarat IPCC fest, dass »die überbeanspruchten Wassersysteme der westlichen USA und Kanadas, wie etwa der Columbia River, die sich auf das Schmelzwasser stützen, besonders anfällig sind«.

Eine Erwärmung um 2 °C bis in die 2040er Jahre wird voraussichtlich im Sommer eine stark reduzierte Wasserzufuhr zur Folge haben, während gerade dann der Wasserbedarf deutlich ansteigt. Fachleute schätzen, dass beispielsweise Portland in Oregon wegen des Klimawandels und des Bevölkerungswachstums bis dahin zusätzlich mehr als 26 Millionen Kubikmeter Wasser benötigen wird. Das fällt im Sommer mit einer verknappten Wasserversorgung aus dem Columbia River zusammen.

Unterdessen warnen Wissenschaftler, dass in Lateinamerika die meisten tropischen Gletscher im Zeitraum zwischen 2020 und 2030 schmelzen könnten; schon jetzt seien in Bolivien, Peru und Kolumbien kritische Zustände erreicht. Änderungen der Temperaturen und der Luftfeuchtigkeit sind der Hauptgrund für den während der zweiten Hälfte des 20. Jahrhunderts in den tropischen Anden beobachteten Rückgang der Gletscher. In den nächsten 15 Jahren werden die tropischen Gletscher sehr wahrscheinlich ganz verschwinden, wodurch dort Wasserversorgung und Erzeugung von Wasserkraft stark beeinträchtigt werden.

Die Arktis – die allerkleinste Meereisfläche

Auch die Situation in der Arktis ist höchst besorgniserregend, vor allem für die Ureinwohner, die ganz auf das Meer und die Jagd als Lebensgrundlagen angewiesen sind.

Im Jahr 2008 blieb nach dem Sommertauwetter die seit Beginn der Satellitenüberwachung im Jahr 1979 zweitkleinste Fläche arktischen Meereises übrig. Das National Snow and Ice Data Center der USA stellte fest, dass sich diese Minimaleisdecke am 12. September über 4,52 Millionen Quadratkilometer erstreckte. »Obwohl es 2008 eine um zehn Prozent größere Eisdecke gab als 2007 – im Jahr der geringsten Eismenge seit Beginn der Aufzeichnungen –, lag ihr Umfang dennoch um 30 Prozent unter dem Durchschnitt der letzten drei Jahrzehnte. Insgesamt haben die beiden Sommer 2007 und 2008 nicht ihresgleichen«, wie es im UNEP-Jahrbuch 2009 heißt.

Das zweite Jahr in Folge war die Nordwestpassage zwischen den Inseln nördlich von Kanada eisfrei. 2008 öffnete sich auch der nördliche Seeweg entlang der sibirischen Arktisküste – die beiden Schifffahrtswege waren vermutlich seit der letzten Eiszeit vor 10 000 Jahren niemals gleichzeitig offen gewesen.

Wie diese Entwicklungen das arktische Gemeinwesen beeinträchtigen werden, dürfte weitgehend davon abhängen, wie die Regierungen der Region die Schifffahrt regulieren und den voraussichtlich intensiven Fischfang in den Griff bekommen. Doch schon jetzt fordern das dünner werdende Eis und die zunehmende Zahl extremer Wettersituationen ihren Preis. Beispielsweise sind die Samen und ihre Rentierherden durch Nahrungsmangel infolge des Klimawandels bedroht.

Bittere Zeugnisse der Folgen für menschliches Leben finden sich auch auf einem kleinen Friedhof in Iqaluit in Kanada am Ufer der Frobisher Bay. Hier liegen jene Menschen begraben, die mit ihren Schneemobilen auf dünnem Eis eingebrochen oder deren Schiffe in ungewöhnlich starken Stürmen gekentert waren. Andere wurden Opfer der Auswirkungen des tauenden Dauerfrostbodens, des Einsturzes oder Einsinkens von Bauwerken, Straßen und Pipelines.

Lebensgrundlagen und Meeresspiegel

Das Schmelzen des Arktiseises wirkt sich weltweit aus, ganz besonders in Küstengebieten. Man schätzt, dass beispielsweise 30 Prozent der Infrastruktur an den Küsten Afrikas überflutet werden könnten, darunter Ansiedlungen im Golf von Guinea, im Senegal, in Gambia und in Ägypten.

Die Situation scheint sogar noch ernster zu sein, als man bislang angenommen hat. Die Eisdecke von Grönland, die – sollte sie schmelzen – den Meeresspiegel um sechs Meter anheben könnte, verliert gegenwärtig mehr als hundert Kubikkilometer pro Jahr und schwindet damit schneller, als durch natürliches Abschmelzen zu erklären wäre. Die Verluste der Eisdecke der Westantarktis haben zwischen 1996 und 2006 um 60 Prozent zugenommen, die der Antarktischen Halbinsel um 140 Prozent.

2007 schätzte der Weltklimarat IPCC, dass die Meeresspiegel in diesem Jahrhundert um 18 bis 59 Zentimeter steigen würden. Doch inzwischen nehmen manche Forscher aufgrund neuer Untersuchungen der Eisdecken in Grönland und der Antarktis an, dass der Anstieg noch höher ausfallen wird. Eine der Studien geht von einem Ansteigen des Meeresspiegels um 0,80 bis 1,50 Meter aus, während eine andere allein aufgrund des Schmelzwassers von Grönland von zwei Metern spricht.

Ein Anstieg der Meeresspiegel um weltweit einen Meter würde Millionen Menschen entwurzeln: etwa hundert Millionen in Asien, die meisten in Bangladesch, im östlichen China und in Vietnam; 14 Millionen in Europa und acht Millionen in Afrika und Südamerika. Und nicht allein die höheren Meeresspiegel spielen eine Rolle: In Verbindung mit noch extremeren Wettersituationen gefährden sie Leben und Lebensgrundlagen.

Gegen Ende unseres Jahrhunderts könnte – vor dem Hintergrund einer starken Erwärmung – zum Beispiel laut IPCC eine derzeitige »Jahrhundertflut« in New York alle drei oder vier Jahre eintreten.

Lebensgrundlagen

Extreme Wettergeschehnisse und andere mit dem Klimawandel zusammenhängende Erscheinungen sind für Gesellschaften, die von der Landwirtschaft leben, ein Hauptgrund zur Besorgnis. Sie ereignen sich ja vor dem Hintergrund wachsender Bevölkerungen und eines unzulänglichen Umgangs mit Landwirtschaftsflächen, mit dem Wasserverbrauch und mit der gesamten Produktion und Verteilung von Lebensmitteln. Ein aktueller Bericht von UNEP über die umweltbedingte Nahrungsmittelkrise und die Rolle der Umwelt bei der Abwendung künftiger Ernährungskrisen besagt, dass Wasserknappheit global gesehen die Ernteerträge um bis zu zwölf Prozent schmälern wird.

- Der Klimawandel kann auch das Auftreten von Schädlingsbefall – durch Insekten, aber auch Krankheiten und Unkräuter – beschleunigen und bis 2050 die Ernteerträge weltweit um zusätzliche zwei bis sechs Prozent verringern.
- Gleichzeitig kann fortwährende Bodendegradation, besonders in Afrika, die Erträge um weitere ein bis acht Prozent reduzieren.
- 8 bis 20 Prozent der landwirtschaftlichen Flächen können durch Zersiedelung, Anbau von Biotreibstoff und Baumwolle sowie Landdegradation bis 2050 verloren gehen.
- Die Erträge könnten sich infolge von Schädlingsbefall, Wasserknappheit und Landverödung um 5 bis 25 Prozent verschlechtern.

Zunehmende Sorge besteht auch hinsichtlich der Produktivität der Ozeane, nicht zuletzt wegen der Auswirkung steigender CO_2-Konzentrationen auf den pH-Wert der maritimen Ökosysteme, sowie der Folgen für Fischfang und für Schalentiere am unteren Ende der Nahrungskette.

In der Studie »In Dead Water« (»In toten Gewässern«) des UNO-Umweltprogramms UNEP heißt es, dass die zunehmende Versauerung das Vorhandensein von Kalziumkarbonaten im Meerwasser verringere – insbesondere des wichtigen Aragonits, aus dem verschiedenste Organismen ihre Schalen und Gerüste bauen. Kaltwasser- und Tiefseekorallen könnten bis 2050 von der Versauerung betroffen sein, ebenso bis 2100 schalenbildende Organismen im gesamten Südpolarmeer und im subarktischen Pazifik.

Das sind nur einige der Gründe, warum die Welt etwas gegen den Klimawandel unternehmen muss – nicht zuletzt auch wegen der Folgen für die Lebensgrundlagen.

Lebensgrundlagen – ein Klima für günstige Gelegenheiten

Es ist klar, dass Verringern die beste Form der Anpassung ist. Die Emissionen von Treibhausgasen müssen deutlich eingeschränkt werden – und zwar schnell, damit die Konzentration in der Atmosphäre stabilisiert und ein künftiger Temperaturanstieg aufgehalten wird.

Maßnahmen gegen den Klimawandel sollten nicht als Bremsen wirtschaftlicher Aktivitäten oder Lebensgrundlagen angesehen werden, sondern als Beschleunigung einer innovativen globalen Wirtschaft, die weniger CO_2 emittiert und Ressourcen effizienter nutzt.

Unter der Flagge der UNEP-Initiativen »Global Green New Deal« und »Green Economy« arbeiten wir mit der International Labour Organization, mit Gewerkschaften und Arbeitgeberverbänden zusammen. Die Studie »Green Jobs« besagt:

- In den letzten Jahren haben 2,3 Millionen Menschen neue Arbeitsplätze allein auf dem Gebiet der erneuerbaren Energien gefunden, und die Chancen für weiteres Beschäftigungswachstum auf diesem Sektor stehen extrem gut.
- Bis zu 2,1 Millionen Arbeitsplätze können im Bereich alternativer Energien entstehen und auf dem Gebiet der Solarenergie bis 2030 auf 6,3 Millionen ansteigen.
- Erneuerbare Energien schaffen mehr Jobs als der Sektor fossiler Brennstoffe. Geplante Investitionen in Höhe von 630 Milliarden US-Dollar bis 2030 würden mindestens 20 Millionen neue Arbeitsplätze auf dem Gebiet der erneuerbaren Energien schaffen.
- In der Landwirtschaft könnten zwölf Millionen Menschen im Bereich Biomasse und Bioenergie sowie in verwandten Industrien Arbeit finden. In einem Land wie Venezuela könnte bis 2010 eine Ethanol-Beimischung von zehn Prozent in Brennstoffen eine Million Jobs in der Zuckerrohrproduktion entstehen lassen.

Eine weltweite Umstellung auf energiesparendes Bauen würde gleichfalls Millionen neuer Jobs schaffen und die Beschäftigungsverhältnisse der etwa 111 Millionen Menschen in der Baubranche »grüner« machen.

- Investitionen in die verbesserte Energienutzung in Gebäuden könnten zusätzlich 2 bis 3,5 Millionen »grüne« Jobs allein in Europa und den USA schaffen – in Entwicklungsländern wäre das Potenzial noch viel größer.
- In Nigeria könnte die Produktion nachhaltiger Biotreibstoffe auf der Basis von Maniok und Zuckerrohr einen Industriezweig mit 200 000 Arbeitsplätzen entstehen lassen.
- Indien würde bis 2025 bei der Vergasung von Biomasse 900 000 Jobs schaffen; davon entfielen 300 000 auf den Bau von Öfen und 600 000 auf andere Gebiete wie die Herstellung von Briketts und Pellets und die Versorgungskette mit Brennstoffen.

In Südafrika erkennt die von der Regierung unterstützte Initiative »Working for Water« – die mehr als 30 000 Menschen, darunter Frauen, Jugendliche und Behinderte – beschäftigt, ebenfalls in der Krise eine Chance. Dieses Land gibt etwa 60 Millionen Dollar pro Jahr für den Kampf gegen das Eindringen gebietsfremder Pflanzenarten aus, die das einheimische Tierleben, die Wasserversorgung, wichtige Touristenziele und landwirtschaftliche Flächen gefährden. Diese Arbeit wird sich noch ausweiten, denn über 40 Millionen Tonnen invasiver Neophyten müssen entfernt und in Kraftwerken verarbeitet werden. Schätzungsweise 500 Megawatt Stromenergie – zwei Prozent des Strombedarfs des Landes – werden dadurch erzeugt, und es entstehen 5000 neue Jobs.

Lebensgrundlagen – Anpassung

Trotz aller Maßnahmen zur Einschränkung von Emissionen werden sich viele Länder – insbesondere die besonders anfälligen – anpassen müssen, und sie benötigen dabei Unterstützung, um ihre Lebensgrundlagen zu erhalten oder zu verbessern. Hier möchte ich nur ein paar der Möglichkeiten nennen, mit denen man sich befassen sollte, zum Beispiel Regenwasserauffangsysteme.

- Kenia mit seiner Bevölkerung von weniger als 40 Millionen Menschen hat Regenmengen, mit denen der Wasserbedarf der jetzigen Bevölkerung sechs- bis siebenfach gedeckt werden könnte.
- Äthiopien, wo nur ein Fünftel der Bevölkerung mit im Lande vorhandenem Wasser versorgt werden kann und geschätzte 46 Prozent der Menschen Hunger leiden, hat ein Regenwasserpotenzial, mit dem der Bedarf von 520 Millionen Einwohnern gedeckt werden könnte.

Anders als große Staudämme, die Wasser großflächig sammeln und bevorraten, verlieren Regenwassersammelsysteme weniger Wasser durch Verdunstung, weil der Regen oder zusammengelaufenes Regenwasser örtlich gesammelt und auf unterschiedliche Weise bevorratet werden kann.

Regenwasserauffangsysteme einschließlich der Behälter und Minireservoire oder »Erdpfannen« wurden in einer Massai-Gemeinde in Kisamese, Kajiado, in den Ngong-Bergen, eine halbe Autostunde von Nairobi entfernt, eingerichtet. Das Projekt hat eine Vorratskapazität von einer halben Million Liter Wasser und ermöglicht die Anlage kleiner Küchengärten oder verbesserter Äcker, mit denen die Nahrungsversorgung gesichert wird. Auch kleine Waldstücke, die man zur Brennstoffgewinnung nutzen kann, wurden angelegt.

Agnes Mosoni Loirket, eine Massai-Gemeindevorsteherin in Kisamese, berichtete 2006 der UN-Klimakonferenz in Nairobi, dass die Verfügbarkeit von Wasser die Arbeitslast und den Zeitaufwand für das Wasserholen verringert habe. »Vor dem Projekt mussten manche Frauen sehr früh aufstehen oder nahe am Fluss schlafen und konnten morgens ihre Schulkinder nicht versorgen … Das hat sich nun alles geändert«, sagte sie.

Kleine Eingriffe – große Wirkung

Die fünf Jahre umfassende Studie über die Auswirkungen des Klimawandels und Anpassungen an diesen, die von »Global Environment Facility« finanziert und von UNEP in Zusammenarbeit mit 350 Wissenschaftlern, dem START-Sekretariat in Washington, D.C., und der Wissenschaftlichen Akademie für Entwicklungsländer in Triest, Italien, durchgeführt wurde, beleuchtete auch einige augenfällige Beispiele.

Drei Fallstudien wurden im Sudan durchgeführt – eine in der von Dürren und Bodendegradation heimgesuchten Provinz Bara in Nord-Kordofan, eine weitere in Arbaat am Roten Meer und eine dritte in El Fashir in Nord-Darfur –, um herauszufinden, ob sich die dortigen Gemeinschaften besser an Klimaveränderungen anpassen könnten. Die Ergebnisse zeigen, dass relativ kleine, aber gut durchdachte Eingriffe die Lebensgrundlagen deutlich stärken und die Anfälligkeiten verringern können, wenn sie von der Gemeinschaft mitgetragen werden und Maßnahmen wie die Selbstbestimmung von Frauen, tiermedizinische Einrichtungen und Mikrokreditvergaben einschließen.

In Bara wurden Versuche mit bewässerten Gemüsekleingärten, mit Schädlingsbekämpfung, mit der Umstellung von Ziegen auf Schafe, mit Sanddünenbefestigung und anderen Anpassungsmaßnahmen unternommen. Dieses Projekt führte zu einer um fast 60 Prozent verbesserten Landrehabilitation, einer Zunahme der ökologischen Belastungsgrenze für Vieh um mehr als 45 Prozent und einem Anstieg der Nahrungsproduktion um 48 Prozent.

In Arbaat wurden verschiedene praktische und institutionelle Maßnahmen getestet, darunter der Einsatz von Regenwassergewinnung und das Pflanzen von Bäumen sowie die Vergabe von Kleinkrediten, Kurse für Analphabetinnen und Ausbildung in verbesserter Landwirtschaftspraxis. Dadurch erhöhten sich in Arbaat die Landproduktivität um zwölf Prozent, der Ernteertrag um fast 20 Prozent sowie die Qualität und Quantität des Wassers.

Inzwischen haben die Untersuchungen von UNEP und UNCTAD (UN-Konferenz für Handel und Entwicklung) bei 114 Kleinbauern in mehr als 20 afrikanischen Ländern den Nutzen des biologischen Landbaus für die Anpassung und die Lebensgrundlagen deutlich gemacht.

Die Erträge hatten sich mehr als verdoppelt, wo biologische oder nahezu biologische Verfahren angewendet wurden; in Ostafrika waren sie sogar auf 128 Prozent emporgeschnellt. Die Studie stellte fest, dass biologische Verfahren traditionellen Ackerbau und herkömmliche Methoden mit chemischer Unterstützung bei weitem übertrafen, ganz abgesehen von dem Nutzen für die Umwelt, wie verbesserte Fruchtbarkeit der Böden, bessere Speicherung von Wasser und Widerstandsfähigkeit gegen Dürren. Die Untersuchung zeigte auch, dass die Anpassung und Anwendung biologischer Verfahren eine vorteilhafte Wirkung auf Erziehung und Ausbildung vor Ort und die Zusammenarbeit in der Gemeinschaft haben.

Die globale Wirtschaft »grün« machen

Der Klimawandel stellt eine große Herausforderung für die Lebensgrundlagen der Menschen in den Entwicklungsländern ebenso wie in den entwickelten Wirtschaftssystemen dar. Früher konnten Stämme oder Völker Not und Mangel dadurch entgehen, dass sie an andere Orte zogen, doch das ist in einer Welt mit fast sieben – und in absehbarer Zeit neun – Milliarden Menschen kaum mehr möglich.

Doch der Kampf gegen den Klimawandel bietet auch eine wichtige Chance, die Weltwirtschaft »grüner« zu machen und eine nachhaltige Wirtschaft für das 21. Jahrhundert zu schaffen, ein Jahrhundert, in dem es sich für Unternehmen und Gemeinwesen lohnt, mit knappen oder begrenzten Ressourcen intelligent umzugehen – ein Jahrhundert, in dem eine neue Generation menschenwürdiger Beschäftigungsverhältnisse entstehen kann, wenn wir in der Krise die Chance wahrnehmen.

Königreich der Blüten im *Fynbos*

Rund um Kapstadt an der Südwestspitze Afrikas liegt ein Gebiet, das sich der weltweit artenreichsten Vegetation rühmen kann. Nirgendwo sonst auf der Erde gibt es so viele endemische Pflanzenarten auf so kleinem Raum.

Das Gebiet heißt Cape Floral, und obwohl dieses Buschland mit seinem gemäßigten Winterregenklima weniger als 0,5 Prozent der Fläche Afrikas ausmacht, sind hier nahezu 20 Prozent der Pflanzenvielfalt des Kontinents beheimatet. Nach seinem einzigartigen Ökosystem wird es auf Afrikaans *Fynbos* genannt, also feingliedriges Gebüsch. Seine Vegetation besteht hauptsächlich aus immergrünen Pflanzen, Sträuchern, kleinen Hartlaubgewächsen und Riedgräsern, die eine Fläche von 90 000 Quadratkilometern bedecken. 9000 Pflanzenarten sind im Fynbos zu Hause, und ein Drittel davon findet sich sonst nirgends auf der Erde.

Zu den sehenswertesten Pflanzen gehört die Familie der Proteaceae oder Silberbaumgewächse. Die Königsprotea, die Nationalblume Südafrikas, wird auch Kaprose, »Honigtopf« oder Königs-Zuckerbusch genannt, weil sich Honigfresser und Nektarvögel an ihren Blüten gütlich tun. Die Proteen in Cape Floral entwickelten sich vor sechs bis acht Millionen Jahren, als das Klima im Vergleich zu heute kühler war. Auf die Erderwärmung und den Klimawandel reagieren sie besonders empfindlich.

Bis 2050 dürfte dieser Region ein Temperaturanstieg um etwa 1,8 °C bevorstehen und damit eine dramatische Zunahme an Buschfeuern, die bis zu 30 Prozent der meist endemischen Pflanzenarten im *Fynbos* vernichten und die empfindliche ökologische Balance dieses Gebiets zerstören könnten.

Steve Corner / Getty Images

Michael Poliza/Getty Images

Malerische Dörfer in unwirtlicher Landschaft

1856 betrat der britische Afrikaforscher und Missionar David Livingstone als erster Europäer das Gebiet des heutigen Malawi. Die dortigen Bantu-Stämme lebten bereits seit über tausend Jahren in dieser Gegend.

Was Livingstone sogleich auffiel, waren die *bomas:* Palisaden, die die afrikanischen Dörfer zum Schutz vor wilden Tieren, feindlichen Stämmen und arabischen Sklavenhändlern umgaben. Seither wird das Bantu-Wort *boma* für jede Art von Zaun verwendet, ob er sich nun um eine Kolonialfestung oder um eine Behelfsunterkunft handelt.

In den kleinen Dörfern des heutigen Malawi werden die hübschen *bomas* aufgestellt, um Getreide, Ernteerträge und das Vieh zu schützen. Vor zwei Bedrohungen allerdings bieten sie keinen Schutz: vor der Ausbreitung von Aids und vor der Dürre.

Die 14 Millionen Einwohner von Malawi gehören zu den ärmsten Menschen der Erde. 85 Prozent leben in ländlichen Gebieten als Subsistenzbauern von Mais, Hirse und Maniok als Hauptnahrungsmitteln. Bis zu zwei Drittel der Bevölkerung leben unterhalb der nationalen Armutsgrenze, weil sie wegen der Überschwemmungen und Dürren keine ausreichenden Ernteerträge erzielen können, um ihre Grundbedürfnisse zu befriedigen. Sie sind deshalb auf ausländische Hilfe angewiesen.

Über eine Million Menschen in Malawi haben Aids. Die Infektionskrankheit breitet sich schnell weiter aus, und viele Familien stehen ohne die Arbeitskraft männlicher Erwachsener da.

Bis 2050 soll die globale Erwärmung hier zu einem Ansteigen der Temperaturen um 2 bis 3 °C führen; entsprechend würden sich die Niederschlagsverhältnisse ändern, und jahreszeitlich dürfte weniger Wasser vorhanden sein. Das hätte große Dürreperioden zur Folge, von denen mehr als zehn Millionen Menschen in den ländlichen Gegenden betroffen wären. Zusammen mit der Aids-Epidemie käme dies dem Niedergang des ohnehin schon gebeutelten Volkes von Malawi gleich.

Tropisches Paradies knapp über dem Wasser

Die Malediven mit ihren 1200 Tropeninseln, schneeweißen Stränden, sich im Winde wiegenden Palmen und vielfarbigen Korallenriffen sind ein wahres Touristenparadies.

Der Inselstaat mit dem offiziellen Namen Republik Malediven besteht aus 22 Atollen mit vielen kleinen, kreisförmig verstreuten Inseln. Sie liegen im Indischen Ozean südwestlich des indischen Subkontinents. Die Inselgruppe erstreckt sich von Norden nach Süden über fast tausend Kilometer.

Nur 198 Inseln sind dauernd bewohnt, obwohl viele weitere zu Ferienanlagen ausgebaut wurden. Für die 360 000 Einwohner ist der Tourismus zur Haupteinnahmequelle geworden; fast 30 Prozent des Bruttoinlandsprodukts und über 60 Prozent der Devisen werden damit erwirtschaftet.

80 Prozent des Landes ragen weniger als einen Meter über dem Meeresspiegel empor, deshalb stellt der Klimawandel eine ernste Bedrohung für die Malediven dar, vor allem weil fast alle Ansiedlungen, die lebenswichtige Infrastruktur und viele Gewerbebetriebe in Küstennähe liegen.

In den letzten 15 Jahren ist der Meeresspiegel des Indischen Ozeans in der Umgebung der Malediven um 4,5 Zentimeter gestiegen. Schätzungen gehen von einem weiteren Anstieg um 20 bis 60 Zentimeter bis zum Ende des Jahrhunderts aus. Das würde diesem Gebiet Tropenstürme von zunehmender Stärke bringen – eine Gefahr für den Tourismus und für die Malediven als Nation.

Die Republik Malediven hat als erstes Land der Erde das Kyoto-Protokoll unterzeichnet.

Sakis Papadopoulos / Getty Images

Paul Chesley/Getty Images

Die sinkende Stadt der Engel

Hunderte buddhistischer Tempel und winzige Kanäle, jede Menge Straßenhändler, Tausende von Wolkenkratzern, der Skytrain – die Hochbahn für den städtischen Nahverkehr – und ein nagelneuer Flughafen: Das alles ist Bangkok, eine tropische Metropole, in der die Traditionen des Ostens der Modernität des Westens begegnen

Bangkok wurde beiderseits des Flusses Chao Phraya auf dem weichen Lehmboden seiner Ufer und seines Deltas erbaut und hat jetzt fast 15 Millionen Einwohner. Einst war es ein kleiner Hafen und Handelsplatz. 1782 wurde es die Hauptstadt des unabhängigen Königreichs Siam, wie Thailand bis 1939 offiziell hieß. Der Thai Name für Bangkok lautet *Krung Thep* – »Stadt der Engel«.

Seit den 1960er Jahren, als US-Soldaten, die im Vietnamkrieg eingesetzt waren, ihren Urlaub in Bangkok verbrachten, entwickelte sich Thailand rasch zum Touristenziel. Heute ist die Hauptstadt für die übrige Welt das Tor zu Südostasien; mehr als 15 Millionen Touristen reisen hier Jahr für Jahr durch.

Mit seiner Lage in einem der »Megadeltas« Asiens und nur zwei Meter über dem Meeresspiegel ist Bangkok Überflutungen extrem stark ausgesetzt, vor allem während der Monsunzeit. Verschlimmert wird das noch durch die Tatsache, dass die Stadt wegen ihres weichen Untergrunds, der starken Bebauung und des exzessiven Abpumpens von Grundwasser immerzu weiter absinkt. Nach einigen Schätzungen senkt sich Bangkok im Jahr um fünf Zentimeter.

Die Hauptstadt Thailands ist deshalb besonders anfällig für den Klimawandel und steigende Meeresspiegel. Jede Zunahme extremer Sturmfluten würde das Küstengebiet erodieren und schlimme Überschwemmungen verursachen. Das Eindringen von Salzwasser könnte zudem die Trinkwasservorräte kontaminieren.

Wenn nicht schleunigst etwas unternommen wird, dürften große Teile Bangkoks noch vor dem Ende unseres Jahrhunderts unter Wasser liegen.

59. *Provinz Dalarna · Schweden*

Der älteste Baum der Welt

Wissenschaftler machten kürzlich in der Bergtundra im südlichen Mittelschweden eine faszinierende Entdeckung: Sie fanden den ältesten Baum der Erde. Die Wurzeln dieser uralten Fichte sind 9550 Jahre alt und stammen vom Ende der letzten Eiszeit, als noch ganz Schweden unter Eis lag.

Heute bedecken Wälder zu 60 Prozent die Gesamtfläche Schwedens, was einem Prozent der Waldflächen auf der ganzen Erde entspricht. Stattliche Fichten herrschen vor; sie machen 42 Prozent des Baumbestandes aus. Abgesehen von ihrer Verwendung als Weihnachtsbäume dienen die Fichten als Material für einen der wichtigsten Wirtschaftszweige Schwedens: die Papier- und Holzindustrie.

Eine Besonderheit der schwedischen Forstwirtschaft ist es, dass nahezu 355 000 Privatleute – viele von ihnen sind Kleinbauern oder Familienunternehmer, die ihre Waldgrundstücke von einer Generation an die nächste weitervererben – Eigentümer der Hälfte des gesamten Baumbestandes von Schweden sind.

Die Fichte kann strenge Kälte vertragen und bis zu einem gewissen Grad auch Trockenheit; am besten gedeiht sie in Gegenden mit kalten Wintern. Ihre Widerstandsfähigkeit und Langlebigkeit verdankt sie teilweise ihrer Fähigkeit, sich zu klonen: Sobald ein Stamm abstirbt, wächst ein neuer aus demselben Wurzelstock heraus.

Die 9550 Jahre alte Entdeckung wirft neues Licht auf die Ursprünge der schwedischen Fichte. Doch der Klimawandel bedeutet eine ungewisse Zukunft für die Fichtenwälder. Man sagt voraus, dass höhere Temperaturen und schwächere Niederschläge im Sommer die Fichten in Südschweden drastisch dezimieren werden.

Der Fichtenborkenkäfer stellt eine weitere Bedrohung für diese Baumart dar. Häufige Unwetter und warme Sommer haben zu einer explosionsartigen Vermehrung der Käfer geführt. Durch die Erderwärmung dürfte ihre Zahl noch weiter zunehmen – eine ernsthafte Bedrohung für die uralte schwedische Fichte.

Roine Magnusson/Getty Images

Bertrand Gardel/Getty Images

Ein Besuch in der Vergangenheit

Die historische Stadt Trinidad in der Provinz Sancti Spíritus gehört zu den größten Attraktionen Kubas. Pastellfarbene, mit Terrakotta-Dachziegeln gedeckte Häuser säumen die Kopfsteinpflasterstraßen. Schmiedeeiserne Gitter vor den Fenstern erinnern an die Atmosphäre einer vergangenen Kolonialepoche.

Trinidad wurde am 23. Dezember 1514 von dem spanischen Eroberer Diego Velázquez de Cuéllar gegründet und ist heute wegen seiner gut erhaltenen spanischen Kolonialarchitektur berühmt. Das Stadtbild wurde deshalb zum UNESCO-Kulturerbe erklärt.

Die Plaza Mayor mit den stattlichen Häusern aus dem 18. und 19. Jahrhundert bildet das historische Zentrum von Trinidad. Die einstmals reiche Stadt gehörte wohlhabenden Landbesitzern, die durch die Zuckerrohrplantagen und den Sklavenhandel zu Vermögen gekommen waren. Heute sind die meisten ihrer Häuser Museen und Touristenattraktionen.

Trinidad liegt am Karibischen Meer, nahe dem Eingang zum Golf von Mexiko und damit wie ganz Kuba in einer Schneise, durch die Hurrikane ziehen. Im September 2008 suchte der Hurrikan Ike Kuba heim – nur zehn Tage nachdem bereits ein anderer schwerer Sturm über die Insel gefegt war und fast tausend Häuser in Trinidad beschädigt und erhebliche Erdrutsche und Flussüberschwemmungen ausgelöst hatte, die die Straßenverbindungen zur Stadt unterbrachen. Die beiden Hurrikane verursachten auf Kuba Schäden in Höhe von etwa 4,6 Milliarden Euro.

Trinidad hat es fertiggebracht, viele seiner historischen Gebäude instand zu setzen und zu schützen, aber die globale Erwärmung wird zu häufigeren extremen Wetterereignissen in der Karibik führen. Wieder aufgebaute und stabilisierte Gebäude werden nicht immer den Stürmen standhalten, die zunehmend gewaltiger und häufiger hereinbrechen. Diese potenziell vernichtenden extremen Wettergeschehnisse drohen nicht nur das koloniale Erbe von Trinidad zu zerstören, sondern auch die Häuser der jetzigen Bewohner.

Die Zeit scheint in der ruhigen Stadt Trinidad ein paar Jahrzehnte lang stehen geblieben zu sein – nicht zuletzt dank der gelassenen, unbekümmerten Lebensart ihrer Menschen. Auf den Gehsteigen wird Domino gespielt, und abends tanzen die Menschen im Stadtzentrum, das für Autos gesperrt ist, zu kubanischer Musik wie Son montuno oder Salsa.

Außerhalb der Stadt gibt es ein weiteres UNESCO-Welterbe, das Valle de los Ingenios (»Tal der Zuckerfabriken«). In drei Tälern am Fuße der Sierra del Escambray, dem Zentrum der kubanischen Zuckerindustrie im 19. Jahrhundert, sind über 70 alte Zuckerfabriken zu sehen. Heute hat die Tabakverarbeitung als Hauptindustrie von Trinidad den Zuckerhandel verdrängt.

Andrea Pistolesi/Getty Images

James P. Blair/Getty Images

Zuflucht für eines der seltensten Tiere der Erde

Das Wort Archipel bezeichnete ursprünglich die vielen zerklüfteten Inseln, die in der Ägäis verstreut zwischen Griechenland und der heutigen Türkei liegen. Viele davon sind Bergspitzen von Gebirgsketten, die sich vom Festland hinaus in das tiefblaue Gewässer erstrecken.

Unter der Oberfläche des Ägäischen Meeres lebt eines der seltensten Tiere der Erde, die Mittelmeer-Mönchsrobbe. Mit einem Bestand von nur 400 Tieren steht diese Art am Rande des Aussterbens. Ihre Verwandte, die Karibische Mönchsrobbe, ist bereits ausgestorben, und die Hawaii-Mönchsrobbe ist stark gefährdet.

Bis vor einem Jahrhundert versammelten sich die Mittelmeer-Mönchsrobben an offenen Stränden, wo sie ruhten und auch ihre Jungen zur Welt brachten. Jetzt meiden sie die Strände und ziehen Meereshöhlen an den abgelegensten, zerklüftetsten Küsten vor, die für Menschen unzugänglich sind. In diesem Wechsel des Lebensraums sieht man eine Folge des Bevölkerungswachstums und der Ausweitung von Tourismus und Industrie im 20. Jahrhundert, die mit dem scheuen Naturell der Mönchsrobben unvereinbar sind.

Einer der wenigen Orte, wo sie noch relativ ungestört leben können, ist der griechische Alonissos-Marinepark rund um die Nördlichen Sporaden der Ägäis. Dort wurde ein weites Gebiet der Erhaltung der Tiere und ihres Lebensraumes gewidmet. Aber das wird nicht ausreichen, um die verbliebenen Mönchsrobben zu retten. Ein Ansteigen des Meeresspiegels infolge der globalen Erwärmung wird wahrscheinlich ihre Höhlen fluten und sie ihrer letzten Zufluchtsorte vor den Menschen berauben.

62. *Pauline Cove · Herschel Island, Kanada*

Eine Siedlung am Rand des Meeres

Herschel Island liegt im äußersten Nordwesten vor dem kanadischen Festland nahe der Grenze zu Alaska. In dieser arktischen Wildnis finden sich Spuren sehr früher menschlicher Ansiedlungen. Die Einheimischen dieser Gegend, die Inuvialuit, nutzten die Insel seit Tausenden von Jahren, und viele ihrer alten Behausungen sind noch zu sehen.

Die Reste der ersten Walfangstation der Gegend aus dem 19. Jahrhundert finden sich in der Siedlung Pauline Cove im Osten der Insel – neben ihrem Friedhof.

Von November bis Juli, wenn Herschel Island vom Eis umschlossen ist, verwischt sich der Unterschied zwischen Insel und Festland, und die alte Walfangstation und ihr Friedhof sind von Eis und Schnee bedeckt.

Die Temperaturen liegen im Durchschnitt bei -27 °C im Winter und bei +6 bis +7 °C im Sommer, aber sie können auch bis -50 °C im Winter fallen und im Sommer auf +30 °C steigen. Die Insel ist mit Permafrostboden bedeckt, doch im Sommer werden die oberen Schichten warm genug, um seltene arktische Pflanzen und Blumen gedeihen zu lassen. Herschel Island gilt wegen seiner biologischen Bedeutung und seines Kulturerbes als Schutzgebiet.

Meereis und Permafrost haben die Küstenstreifen der Insel jahrhundertelang geschützt. Wenn die Temperaturen steigen, wird das Meereis abnehmen und der Dauerfrostboden zu schmelzen beginnen; die Küstengebiete werden anfällig für Stürme und Erosion. Die Küste bei Pauline Cove ist bereits ausgewaschen und sehr nahe an die Walfangsiedlung herangerückt, die damit in Gefahr gerät, ins Meer geschwemmt zu werden.

Gleiches könnte den alten Inuvialuit-Behausungen und dem Friedhof drohen, die beide für veränderte Wetterbedingungen anfällig sind, wenn der Permafrost auftaut und der Boden aufweicht.

Michael Melford / Getty Images

Die Lunge der Erde

Der Amazonas-Regenwald – bekannt als »die Lunge der Erde« – ist das größte Regenwaldgebiet unseres Planeten. Seine 5,5 Millionen Quadratkilometer dehnen sich über neun südamerikanische Staaten aus, 60 Prozent davon liegen in Brasilien; insgesamt macht er die Hälfte aller noch bestehenden Regenwaldgebiete der Erde aus.

Hier sind 20 Prozent aller Pflanzen- und Tierarten der Erde beheimatet. Die Artenvielfalt im Amazonas-Regenwald ist weltweit beispiellos, denn sie umfasst etwa 2,5 Millionen Arten von Insekten und Zehntausende Baum- und Pflanzenarten. Diese Biosphäre hat außerdem unabsehbare Auswirkungen auf das Klima und die Lebensbedingungen auf unserem ganzen Planeten.

Während der letzten 30 Jahre wurden allein in Brasilien 600 000 Quadratkilometer Regenwald gerodet. Wenn diese Entwicklung anhält, werden bis 2050 mehr als 30 Prozent des Waldes verschwunden sein. Dadurch ergeben sich insgesamt erhöhte CO_2-Emissionen, die wiederum erheblich zur globalen Erwärmung beitragen.

Auch ohne die Abholzung sind die Regenwälder stark bedroht. Viele tropische Pflanzen sind höchst empfindlich für selbst geringste Änderungen des Klimas. Ein Temperaturanstieg um 3 °C könnte den Regenwald in Teilen des Amazonasgebiets um mehr als 40 Prozent schrumpfen lassen; die Erderwärmung würde weiter voranschreiten, Tausende von endemischen Arten würden ausgelöscht, und die Landschaft könnte sich in eine Savanne verwandeln.

Daniel Beitra / Getty Images

Søren Rud

CONNIE NIELSEN

Ich meine es ernst!

Wenn wir uns täglich unserer Auswahlmöglichkeiten bewusst werden, können wir Teil einer großen, schnell wachsenden und bewusst handelnden Konsumentengemeinschaft werden.

Schon in meiner Kindheit hörte ich davon, wie verschmutzt unsere Umwelt sei. Überall sah ich Bilder von toten Fischen und sterbenden Vögeln, und an den Stränden lag öl- und teerverklebter Müll. Und ich fragte mich: »Wer ist dafür verantwortlich? Wer lässt das zu?« Ich dachte: »Wenn ich groß bin, werde ich nicht erlauben, dass so etwas der Welt meiner Kinder passiert.«

Aber als ich größer wurde, bemerkte ich, dass sich nicht viel verändert hatte. Es war alles noch schlimmer geworden. Heute ist die Erde ernsthaft krank, unsere Ozonschicht ist anfällig, und die globale Erwärmung bedroht viele Küstengebiete. Ich habe es nicht geschafft, die Welt für meine Kinder zu verändern. Entgegen meinen besten Absichten bin ich selbst ein Teil des Problems geworden. Mir wurde klar, dass ein globales System von Wirtschaft und Staatsmacht diese Situation geschaffen hat und dass sich Systeme nur sehr schwer verändern lassen. Irgendwie fühlte ich mich machtlos, selbst als ich nun mündig und erwachsen war.

Es kommt auf Sie und mich an

Das ist die Welt, die ich meinen Kindern übergebe. Unsere Meere sind überfischt, unsere Wasservorräte verunreinigt, die Qualität unserer Luft wird schlechter. Öl- und Chemieunfälle sowie nukleare Katastrophen versetzen uns in Schrecken, und eine hochindustrialisierte Nahrungsmittelversorgung steht im Verdacht, uns nicht nur zu ernähren, sondern auch zu vergiften.

Unsere Häuser leisten ihren Beitrag zur globalen Erwärmung und sind oft genug aus Materialien gebaut, die uns schaden. Sogar manche Babypflegemittel sind durch Chemikalien verunreinigt, die im Verdacht stehen, krebserregend zu sein. Unsere Autos tragen zur globalen Erwärmung bei, und unsere Regierungen haben noch keinerlei starke Anreize für einen Wandel geschaffen. Jeder Haushalt produziert enorme Mengen Müll, und trotzdem werden die Hersteller von Waren nicht gezwungen, hundertprozentig biologisch abbaubare Verpackungen zu verwenden.

Obwohl während der letzten 20 Jahre mit ihrem wachsenden Umweltbewusstsein die Regierungen in den USA und in Europa mehrfach gewechselt haben, gibt es zu wenig politische Entschlossenheit – stattdessen eher die Angst, die Märkte zu stören –, um in dieser Welt, die wir unseren Kindern hinterlassen, einen Wandel herbeizuführen. Wer also sorgt für einen Wandel?

Es bleibt uns überlassen – Ihnen wie mir und jeder Frau, jedem Mann, jedem Kind –, dieser Katastrophe Einhalt zu gebieten, die seit langem auf uns zurollt. Wenn Sie sich jeden Tag Ihre Auswahlmöglichkeiten bewusst machen, können Sie Teil einer großen, schnell wachsenden und bewusst handelnden Konsumentengemeinschaft werden. Sie können sich entscheiden, ökologisch zu essen und zu leben. Kaufen Sie ökologisch ein. Bauen Sie ökologisch. Und unterstützen Sie Umweltschutzorganisationen.

Ein neues, CO_2-neutrales Haus

Mein Partner und ich planen ein neues Haus. Wir bauen Sonnenkollektoren und eine geothermische Heizung ein, und wenn wir die Genehmigung erhalten, werden wir auch Windkraft nutzen. Wir werden Regenwasser auffangen und Brauchwasser recyceln. Wir werden, soweit möglich, natürliche Stoffe zur Isolierung verwenden und mit Farben auf Wasserbasis und recycelten Materialien arbeiten. Unser Ziel ist es, bei unserem Energieverbrauch CO_2-neutral zu werden, ohne auf Raum, Design und Stil zu verzichten.

Ich hoffe, eine von den Verbrauchern angeführte Revolution wird die Industriekapitäne und alle unsere Regierungen überzeugen, dass die einzige Hoffnung auf ein aufgeklärtes, langfristiges Wachstum darin besteht, in den Wandel zu investieren – jetzt! Die Probleme unserer Produktionsabläufe zu ignorieren und nur auf kurzfristigen Profit zu starren ist langsam nicht mehr nur ignorant, sondern kriminell. Es liegt an uns selbst, Bündnisse zu schaffen und uns der Bewegung für den Wandel anzuschließen.

Die dänische Schauspielerin *Connie Nielsen* (»Gladiator«, »Zwischen Brüdern«) arbeitet in den USA und in Europa. Sie wurde in Kopenhagen geboren und lebt in New York und San Francisco zusammen mit Lars Ulrich von der Band »Metallica« und ihren vier Kindern.

Geformt von einem ruhelosen Untergrund

Honduras liegt an den Fugen dreier tektonischer Platten und wurde in Jahrmillionen durch Verschiebungen im Untergrund zum gebirgigsten Land Mittelamerikas geformt; in den karibischen Niederungen des Nordens gibt es auch Schwemmlandebenen.

Die meisten der 7,6 Millionen Einwohner von Honduras leben in Dörfern und Städten, die versteckt in den zahlreichen Tälern liegen oder an den Berghängen kleben. Kleinbauern pflanzen an den steilen Abhängen Kaffee; die Tiefebenen an der Küste sind von Bananenpflanzungen bedeckt und von Palmen, die Palmöl und Biodiesel liefern. Kaffee und Bananen sind die wichtigsten Exportgüter von Honduras, einem der ärmsten Länder des amerikanischen Doppelkontinents.

Trotz seines instabilen geologischen Untergrunds sind es nicht Erdbeben, sondern Hurrikane, die sich als größte Bedrohung für Honduras erweisen. 1998 suchte der Hurrikan Mitch Zentralamerika heim und traf Honduras vernichtend. Fast sieben Meter hohe Wellen brachen über die Küste herein, und die sturzflutartigen Regenfälle ließen den Fluss Choluteca auf die sechsfache Breite anschwellen.

Überschwemmungen und Schlammlawinen löschten ganze Dörfer aus, zerstörten Straßen und fast alle Brücken des Landes, vernichteten etwa 80 Prozent der Kaffee- und Bananenernten, schwemmten den Ackerboden fort und deckten Pflanzungen mit Sand zu. Fast 6000 Menschen kamen durch den Hurrikan ums Leben.

Mitch war bis zu diesem Zeitpunkt der stärkste Hurrikan, der je im Karibischen Meer beobachtet wurde, aber seitdem haben ihn nicht weniger als drei weitere noch übertroffen. Steigende Meerestemperaturen werden den Vorhersagen nach die Häufigkeit extremer Wetterereignisse, insbesondere in Mittelamerika, zunehmen lassen. Immer wieder werden Hurrikane arme Länder wie Honduras in ihrer Entwicklung zurückwerfen.

Holly Wilmeth / Getty Images

Jochem D. Wijnands/Getty Images

Wo man übers Wasser wandert

Das Wattenmeer ist der seichte Saum der Nordseeküste vor Dänemark, Deutschland und den Niederlanden, der sich vor etwa 10 000 Jahren am Ende der letzten Eiszeit gebildet hat, nachdem das Eis, das unter anderem fast ganz Dänemark bedeckt hatte, schmolz und das Wasser nach Westen ablief. Als es die Küste erreichte, entstand neues, tief liegendes Land, das seither mit Ebbe und Flut ständig seine Form verändert.

Touristen aus Dänemark und vielen anderen Ländern strömen scharenweise zum Wattenmeer, um »auf dem Wasser zu gehen« und sich die vielgestaltige Landschaft der Kliffe, der Marsch, der Sandstrände und der Gezeitenrinnen anzusehen, wo der Tidenhub bis zu 1,80 Meter betragen kann.

Flora und Fauna dieser Gegend haben sich Ebbe und Flut des Meeres angepasst, ebenso dem wechselnden Salzgehalt. So ist ein unglaublich reiches und vielfältiges Ökosystem entstanden, das als eines der zehn wichtigsten Feuchtgebiete der Erde gilt.

Mit bis zu 100 000 Krabben, Würmern, Schnecken und Muscheln pro Quadratmeter präsentiert sich das Wattenmeer auch als reich gefüllte Speisekammer für mehr als zehn Millionen Zugvögel. Jedes Jahr im Herbst treffen Gänse, Enten, Möwen, Alpenstrandläufer und andere Wasservögel ein, um hier den Winter zu verbringen oder eine Rast einzulegen und Fettreserven aufzubauen, bevor sie den langen Flug zu ihren Brutplätzen antreten.

Die dynamische Natur der Wattenmeer-Landschaft, ihre unablässige Neuschöpfung und Zerstörung durch Wasser und Wind, dürfte tatsächlich die Rettung für das Watt sein. Neue Sedimentablagerungen könnten mit dem voraussichtlichen Ansteigen des Meeresniveaus infolge der globalen Erwärmung Schritt halten. Wenn jedoch der Meeresspiegel schneller und höher als erwartet ansteigt – und manche Wissenschaftler sind dieser Ansicht –, gibt es nicht genügend Sedimente, um das Land wieder aufzubauen. In diesem Fall läge das Wattenmeer komplett und andauernd unter Wasser, und eines der wichtigsten Vogelschutzgebiete sowie eine einzigartige Landschaft wären vernichtet.

»Psst – still! Die mystische Barriere!«

Das Ross-Eisschelf in der Antarktis ist die größte Schelfeisfläche der Erde und bildet einen Teil ihrer größten Eismassen. Es enthält 70 Prozent des Süßwassers auf unserem Planeten. Den Namen erhielt es nach dem britischen Marineoffizier und Polarforscher James Clark Ross, der es 1841 als Erster erblickte. Das Ross-Eisschelf steht für gefahrvolle Abenteuer und heldenhafte Entdeckungen – und hat eine ungewisse Zukunft.

1911 – als es noch unter der Bezeichnung »Eisbarriere« bekannt war – brachen die Entdecker Robert F. Scott und Roald Amundsen von entgegengesetzten Seiten des Schelfs zu ihrem legendären Wettlauf zum Südpol auf. In seinem Buch »Die Eroberung des Südpols« erinnert sich Amundsen seiner spontanen Gefühle, als er zum ersten Mal diese gewaltige Eisfläche erblickte : »Psst – still! Die mystische Barriere!«

Das Ross-Eisschelf ruht auf dem Festland Antarktika, schwimmt aber zum größeren Teil auf dem Meer. Mit 487 000 Quadratkilometern ist es größer als ganz Deutschland und fast so groß wie Frankreich. Seine zum Meer hin gelegene Seite ist 600 Kilometer lang, die Eiswand erhebt sich 15 bis 20 Meter aus dem Meer. Nur zehn Prozent des Schelfs liegen über dem Wasser; dort, wo es am stärksten ist, reicht es mehrere Hundert Meter unter die Wasseroberfläche.

In den letzten 50 Jahren hat sich die Wassertemperatur an der Westküste der Antarktis um fast 3 °C erhöht – das ist zehnmal so viel wie die durchschnittliche Temperatursteigerung auf unserem Planeten insgesamt.

Die Temperatur in und über dem Meer rund um die Antarktis soll voraussichtlich im Laufe der nächsten hundert Jahre weiter steigen. Das könnte dazu führen, dass das Ross-Eisschelf kollabiert und vom Festland wegbricht, was weltweit zu einem dramatischen Anstieg der Meeresspiegel führen und eine weitere Eisschmelze auf dem antarktischen Kontinent auslösen würde.

67. *Themse · London*

Lebensader und ständige Bedrohung

»Sie ist zu allen Zeiten ein Fluss des Kommerzes gewesen ... Die Stadt selbst verdankt ihren Charakter und ihr Erscheinungsbild der Themse.«

(Peter Ackroyd, »London. Die Biographie«)

Es waren die Römer, die unter ihrem Kaiser Claudius 43 n. Chr. die erste Siedlung am Nordufer der Themse gründeten und sie Londinium nannten. Man wählte diesen Ort wegen seiner Lage am Fluss und der Nähe zum Meer. Seither ist die Themse die wichtigste Lebensader der Stadt – einer Stadt, die die erste Metropole der Welt, Zentrum von Kultur, Handel und Finanzen, werden sollte.

Und doch stellt der Fluss für London eine große Bedrohung dar. Vom frühen Mittelalter bis heute dehnt sich die Stadt in den Fluss hinein aus, bebaut seine Ufer und engt den Korridor für die Gezeiten ein.

Uferdämme und -straßen wurden entlang der Themse angelegt, um London vor Überschwemmungen zu schützen, aber sie erwiesen sich nicht immer als hinreichend wirksam. Erst seit 1983 das Themse-Flutwehr gebaut wurde, ist die Stadt bei extremen Wettersituationen angemessen gesichert. Aber bis 2025 dürfte auch diese Flutbarriere nicht mehr genügen.

Wenn der Klimawandel weiter fortschreitet, könnte ein Zusammenwirken von hohen Flutwellen, Wirbelstürmen der mittleren Breiten und steigenden Meeresspiegeln das Themse-Flutwehr überfordern und verheerende Folgen zeitigen. Weiteste Teile Londons, große Bereiche des Streckennetzes der Londoner Tube (U-Bahn), aber auch Bahnhöfe, Kliniken, Tausende von Häusern und historischen Bauwerken, darunter die Houses of Parliament und der Tower of London, würden überflutet.

Eine solche Überschwemmung würde sich unmittelbar auf 340 000 Anwesen und die 1,25 Millionen Menschen auswirken, die in den tiefer liegenden Gegenden Londons leben. Würde die Themse-Flutbarriere nur einmal brechen, könnte der britischen Wirtschaft ein Schaden von geschätzten 30 Milliarden Pfund (fast 35 Milliarden Euro) entstehen.

Michael Dunning/Getty Images

Michael Melford/Getty Images

Ein Meer, das Walrosse, Eisbären und zwei Supermächte ernährt

Der dänische Seefahrer Vitus Bering unternahm 1725 eine Expedition in den äußersten Osten Russlands. Zar Peter der Große hatte ihn beauftragt, festzustellen, ob Sibirien und Nordamerika durch eine Landbrücke verbunden seien. Bering benötigte drei Jahre, um die heute nach ihm benannte Beringstraße zu erreichen. Das große Meer, das sich südlich dieser Meerenge bis zur Halbinsel Alaska und zu den Aleuten ausdehnt, trägt ebenfalls den Namen des großen Entdeckers.

Das Beringmeer liefert fast die Hälfte des Fangs an Fischen und Meeresfrüchten für die USA – im Wert von etwa 660 Millionen Euro pro Jahr. Der Fang der Russen beläuft sich auf 400 Millionen Euro. Das Meer ist auch der Lebensraum von Seelöwen, Walrossen, Eisbären und bedrohten Walarten wie Blauwal, Pottwal, Grönlandwal, Buckelwal, Orkas und dem äußerst seltenen Pazifischen Nordkaper. Mehr als 30 Seevogelarten brüten in dieser Region, darunter die Plüschkopfente und der bedrohte Kurzschwanzalbatros.

Grundlage der reichen Artenvielfalt dieses Meeres sind Diatomeen oder Kieselalgen, Phytoplankton, das auf der Unterseite des Eises wächst. Der nördliche Teil des Beringmeeres ist üblicherweise sieben Monate im Jahr mit Eis bedeckt. Wenn es schmilzt, sinken die Diatomeen auf den Grund und bilden eine reichhaltige Nahrungsschicht für Populationen am Meeresboden, von denen dann Seevögel und Meeressäuger leben. Auch das Walross spielt eine wichtige Rolle in diesem Ökosystem: Wenn es mit seiner bärtigen Schnauze nach Nahrung wühlt, wirbelt es wichtige Nährstoffe auf.

Mit der Erwärmung der Ozeane wird sich zweifellos die Artenvielfalt im Beringmeer ändern. Es gibt schon jetzt weniger Eis als vor zwei Jahrzehnten, und jedes Jahr schmilzt es früher. Damit schwindet die Fülle der Kieselalgen. Wenn kalte Gewässer wärmer werden, ziehen sich Fische und Krabben weiter nach Norden zurück und fressen den vom Eis abhängigen Arten die Nahrung weg. Bis zum Ende des 21. Jahrhunderts dürfte das gesamte Eis im Beringmeer verschwunden sein.

Der Ruf des Kranichs

69. *Kushiro-Nationalpark · Hokkaido*

Dem Mandschurenkranich mit dem roten Fleck auf dem Kopf begegnet man überall in Japan. Man sieht ihn in Firmenzeichen wie dem früheren Logo der japanischen Luftfahrtgesellschaft JAL; er ist Teil von Städte- und Straßennamen und erscheint in Märchen und Sagen.

In Japan heißt es, der Kranich, der auch Tancho heißt (wie der Koi, der ebenfalls einen roten Fleck auf dem Kopf hat), lebe tausend Jahre. Er gilt als Symbol des Glücks, der Treue und Langlebigkeit. Seiner majestätischen Erscheinung wegen ehrt man ihn in Japan wie eine Art Nationalheiligtum. Aber nur selten sieht man einen echten Kranich in freier Wildbahn. Zu Beginn des 20. Jahrhunderts glaubte man sogar, der Vogel mit dem langen Hals, dem scharf abgesetzten schwarzen und weißen Gefieder und der charakteristischen roten Krone sei ausgestorben. Und dann entdeckte man plötzlich ein Dutzend dieser

Kraniche in Kushiro auf Hokkaido, der nördlichen Hauptinsel Japans. 1952 begannen dortige Bauern, die Vögel zu füttern; langsam stieg ihre Zahl an.

Heute ist der Kranich mit der roten Krone die zweitseltenste Kranichart der Erde. Es gibt etwa 1200 Tiere auf Hokkaido, wo sie brüten, durch die Felder stolzieren und im kühlen Sumpfgebiet von Kushiro ihre wilden Balztänze vollführen. Obwohl ihre Zahl in den letzten hundert Jahren zugenommen hat, schrumpft ihr Habitat, und das bedeutet eine ernste Gefahr für sie.

Der japanische Ausdruck *tsuru no hitokoe* (»der Ruf des Kranichs«) steht für die Stimme der Autorität. In diesem Fall ist es jedoch eher ein Hilferuf, betrachtet man die enorme Bautätigkeit und die Abholzung, die weitere Eingriffe in das Sumpfgebiet befürchten lassen.

Wenn die Ozeane infolge der globalen Erwärmung steigen, werden Küstenfeuchtgebiete wie die Sümpfe von Kushiro überschwemmt, und der Salzgehalt des Wassers auf dem Land nimmt zu. Damit wird die Zukunft des Tancho abermals in Frage gestellt, obwohl er in der japanischen Kultur seinen festen Platz hat.

Tief im Herzen Afrikas

Die Mbuti-Pygmäen leben im Ituri-Regenwald im Nordosten der Demokratischen Republik Kongo. Sie sind Nomaden, und der Wald bildet die Grundlage ihrer Kultur und ihres Lebensunterhalts, er nährt sie materiell und spirituell.

Pygmäen werden zwischen 1,30 und 1,50 Meter groß. Die Mbuti sind eine der Gruppen, die im Kongobecken leben, das sich von Kamerun im Westen bis Sambia im Südosten erstreckt.

Dieses riesige Gebiet besitzt – nach dem Amazonas-Regenwald – den weltweit zweitgrößten tropischen Regenwald. Das Kongobecken gehört zu den artenreichsten Gegenden der Erde. Etwa 90 Prozent der Region sind noch unberührt, aber die Abholzung des Waldes droht dies zu ändern.

Wenn die Entwaldung im gegenwärtigen Tempo fortschreitet, wird die Hälfte des Regenwaldes in den nächsten 50 Jahren verschwinden, und die Lebensgrundlagen der Mbuti werden ebenso gefährdet sein wie die der seltenen Tierarten, die alle im Ituri-Wald leben: Okapis, Schimpansen, Leoparden, Elefanten und Waldbüffel.

Die Entwaldung führt zum Ausstoß großer Mengen von CO_2 in die Atmosphäre. 2004 wurden als Folge davon weltweit gewaltige 8,4 Milliarden Tonnen CO_2 emittiert. Das entspricht einem Viertel des gesamten globalen CO_2-Ausstoßes durch fossile Brennstoffe.

Michael Nichols/Getty Images

Die Mbuti leben im Einklang mit dem Wald, den sie als ihren Vater und ihre Mutter bezeichnen. Als nomadische Jäger und Sammler bauen sie sich provisorische Hütten aus Ästen und Blättern. Im Alter zwischen neun und zwölf Jahren unterziehen sich die Mbuti-Knaben einem Mannbarkeitsritus, um zu lernen, wie sie das Überleben sichern und ihre Familien ernähren können. Sie werden beschnitten und – nur mit Röcken aus Pflanzenfasern bekleidet – für fünf Monate hinaus in den Wald geschickt. Sie dürfen singen, aber sonst ihre Stimme nicht benutzen. Symbolisch wird ihnen der Mund mit Blättern verschlossen. Ihren Körper verziert man mit Lehm, und man peitscht sie aus, um sie fürs Erwachsensein stark zu machen.

Travel Ink/Getty Images

Kaiserliche Residenz der Salomonischen Herrscher

Der Kaiserpalast in Gondar im nördlichen Hochland stammt aus der Zeit um 1636, als hier die äthiopische Hauptstadt war. Äthiopien ist als eines der ältesten Länder der Erde seit über 3000 Jahren ein souveräner Staat, abgesehen von der Besetzung durch Italien unter Mussolini von 1936 bis 1941.

Die kaiserliche Familie kann – der Legende nach – ihre Herkunft bis zur Königin von Saba und zu König Salomo zurückverfolgen. Die Herrscher der Erbmonarchie wurden als Salomonische Kaiser von Äthiopien bezeichnet; ihre Abstammungslinie blieb ununterbrochen bis zum letzten Kaiser, Haile Selassie I., den eine marxistische Militärjunta 1974 bei einem von der Sowjetunion angezettelten Putsch absetzte.

Die frühesten menschlichen Reste überhaupt wurden hier ausgegraben. Wissenschaftler nehmen an, dass der *Homo sapiens* vor mindestens 150 000 Jahren von Äthiopien aus in die Welt wanderte.

Der alte Kaiserpalast ist eine der touristischen Hauptattraktionen von Äthiopien. Gondar ist heute eine moderne Universitätsstadt mit 200 000 Einwohnern und damit die größte Stadt der Provinz Amhara. Die meisten der 17 Millionen Menschen hier sind Kleinbauern und halten Rinder, Schafe, Ziegen und Geflügel.

Das Hochland liegt zwischen 1500 und 2500 Metern über dem Meeresspiegel, weshalb hier das Klima für diesen Teil Afrikas vergleichsweise kühl ist. So bleiben die Hochlandbewohner von der Geißel der Malaria verschont, jener schlimmsten tödlichen Krankheit, die im Tiefland alljährlich 160 000 Menschen dahinrafft.

Voraussichtlich werden aber im nördlichen Hochland die Temperaturen steigen und die Niederschläge zunehmen. Wenn das geschieht, könnten die Malariamücken, die die Krankheit übertragen, neue Brutplätze in den Hochlandregionen finden und die Krankheit auf Millionen von Menschen übertragen; enorme Verluste an Menschenleben und Schäden für die Wirtschaft wären die Folge.

72. Nunavut-Territorium · Kanada

Seit Jahrtausenden eine arktische Lebensgemeinschaft

Nordkanada ist die Heimat einer indigenen Bevölkerung von etwa 26 000 Menschen. Seit Jahrtausenden leben sie in dem zwei Millionen Quadratkilometer großen arktischen Gebiet des Nunavut-Territoriums zusammen mit Walrossen, Eisbären und Robben.

Während der meisten Zeit des Jahres sind Tiere und Inuit gleichermaßen auf das Eis angewiesen, das die Küstengewässer bedeckt. Es ist ihre Lebensgrundlage. Die großen Säugetiere leben und jagen auf dem Eis und pflanzen sich hier fort. Die Inuit reisen und jagen darauf.

In diesem Jahrhundert wird im Nunavut-Gebiet die Temperatur im Jahresdurchschnitt um bis zu 5 °C steigen, und das bedeutet, dass es dann während der meisten Zeit des Jahres kein arktisches Meereis geben wird.

Walross, Eisbär und Robbe wären dadurch vom Aussterben bedroht.

Klimawandel und Sicherheitspolitik

Unter dem Druck des Klimawandels erwachsen der Welt neuartige Konflikte: Zusammenstöße wegen Weiderechten in der Sahelzone, Piraterie vor der Küste Somalias, schmelzende Gletscher ...

JAVIER SOLANA, EHEMALIGER GENERALSEKRETÄR DES RATES DER EUROPÄISCHEN UNION UND BIS NOVEMBER 2009 HOHER VERTRETER FÜR DIE GEMEINSAME AUSSEN- UND SICHERHEITSPOLITIK

Unter dem Druck des Klimawandels erwachsen der Welt neuartige Konflikte: Zusammenstöße wegen Weiderechten in der Sahelzone, Piraterie vor der Küste Somalias, schmelzende Gletscher im Himalaja, russische Forscher, die ihre Nationalflagge am Nordpol auf dem Meeresgrund aufpflanzen.

Das sind die potenziellen Sprengsätze des 21. Jahrhunderts, wobei alte Konfliktherde unter dem neuen Druck des Klimawandels wieder angeheizt werden. Wie wir mit diesen Spannungen umgehen, wird darüber entscheiden, ob wir in diesem Jahrhundert eine friedliche internationale Ordnung aufrechterhalten können.

Die wissenschaftliche Diskussion ist abgeschlossen

In den letzten Jahren sind wir uns dieser Probleme bewusster geworden. Im April 2007 führte der UN-Sicherheitsrat eine erste Debatte über die Verbindung zwischen Klimawandel und internationalen Konflikten. In den USA gibt es immer stärkere Bemühungen von Forschungs- und Sicherheitseinrichtungen, die Zusammenhänge zwischen Klima und Sicherheit einzuschätzen und zu durchdenken. Auch Europa wird zunehmend tätig. Im März 2008 legte ich zusammen mit der Europäischen Kommission dem Europarat einen Bericht über Klimawandel und internationale Sicherheit vor.

Mein Bericht gelangte zu drei zentralen Schlussfolgerungen. Die erste ist, dass die Risiken, die der Klimawandel mit sich bringt, tatsächlich bestehen und dass seine Auswirkungen sich bereits bemerkbar machen. Es handelt sich also nicht um ein Problem in ferner Zukunft. Die wissenschaftliche Diskussion über den Klimawandel ist abgeschlossen. Die Feststellungen des IPCC sind eindeutig: Globale Temperaturen, Meeresspiegel und die Häufigkeit extremer Wetterereignisse – sie alle steigen an.

CO_2-Emissionen und andere Treibhausgase sind die Ursachen hinter diesen Veränderungen. Rückkoppelungen verschlimmern die Auswirkungen des Klimawandels auf unsere Ökosysteme mit großer Geschwindigkeit.

Wie US-Präsident Obama zu Recht gesagt hat: Unser Planet ist in Gefahr. Schon im letzten Jahr hatten die weitaus meisten Ersuchen um humanitäre Hilfe einen Bezug zum Klima. Aber die Risiken, die uns der Klimawandel beschert, gehen erheblich über humanitäre Krisen hinaus. Deshalb ist der Klimawandel nicht »bloß« ein Umweltproblem, so drängend und wichtig dieses auch sein mag. Der Klimawandel verursacht zugleich ernste politische und Sicherheitsrisiken. Wir müssen schnell und kooperativ auf diese Bedrohungen reagieren.

Der Klimawandel verschärft Konflikte

Zweitens unterstrich mein Bericht, dass es durchaus angebracht ist, den Klimawandel als Verstärker zu betrachten: Er verschärft die Spannungen und Belastungen in und zwischen verschiedenen Ländern. Und er erhöht durch nachlassende landwirtschaftliche Produktivität, Wassermangel und Desertifikation, Vertreibung und Migration (in und zwischen verschiedenen Ländern), Naturkatastrophen und Küstenveränderungen den Druck auf andere Ursachen von Konflikten und Instabilität. Der Zugang zu Ressourcen – vor allem, wo dieser politisch bedeutsam ist – hat besonderes Gewicht und birgt ein Potenzial für Unruhen und gewaltsame Auseinandersetzungen.

Man muss hervorheben, dass größere Spannungen zu erwarten und Konflikte keineswegs zu vermeiden sind. Es kommt aber darauf an, wie die Menschen damit umgehen. Wir erkennen, dass der Klimawandel gerade jene Länder und Regionen überstrapaziert, die schon jetzt schwach und konfliktanfällig sind. Deshalb ist die Regierungsarbeit ein entscheidender Faktor. Wie Regierungen auf die Auswirkungen des Klimawandels reagieren, hängt davon ab, wie gut sie bereits heute Probleme zu lösen imstande sind. Deshalb ist es so wichtig, jetzt das Bewusstsein dafür zu wecken und zu handeln, um die Widerstandsfähigkeit zu stärken.

Somalia ist ein gutes Beispiel. Eine Reihe von Dürren und Überschwemmungen hat die Nahrungsmittelproduktion stark verringert und zu instabilen Verhältnissen in einer Gesellschaft geführt, die bereits durch ethnische Spannungen, Extremismus und Einmischungen von außen geschwächt war. Seit vielen Jahren hat Somalia nichts, was einer fähigen und legitimen Regierung gleichkäme. Die Folgen sind zunehmende Abwanderung und Piratenüberfälle auf die internationale Schifffahrt. Wir sehen uns hier einer Herausforderung gegenüber, in der sich Umweltfaktoren, humanitäre Probleme und Sicherheitselemente verbinden. Als Reaktion darauf entschloss sich die EU 2008, eine Marinemission in die Region zu entsenden – unsere erste im Rahmen der europäischen Sicherheits- und Verteidigungspolitik. Aber wir wissen, dass wir nicht die Sicherheitsprobleme zur See angehen können, ohne an einer dauerhaften Lösung der politischen Probleme Somalias im Lande selbst zu arbeiten.

Es wäre allzu einfach, im Klimawandel den Hauptgrund für diesen Konflikt zu vermuten. Ebenso wenig ist er aber ganz unbeteiligt. Kommt der Klimawandel zu herkömmlichen Konfliktursachen hinzu, verschärft er die Situation. Eine ebensolche Eigendynamik entwickelte sich in Darfur im Sudan, wo verringerte Regenfälle die Spannungen um den Zugriff auf Ackerland erhöhten.

Es gibt keine »gewaltsamen« Antworten

Drittens betonte mein Bericht, dass wir umfassende und globale Lösungsansätze brauchen. Wir wissen, dass es – obwohl der Klimawandel greifbare Folgen für unsere Sicherheit hat – keine »gewaltsamen« Antworten gibt. Man muss alle außenpolitischen Register ziehen: Entwicklungspolitik, Handel, Diplomatie und Krisenmanagement.

Dem Klimawandel selbst kann man nur durch weltweites Handeln und eine stabile internationale Ordnung begegnen. Das trifft auch auf die Sicherheitsaspekte zu. Wir müssen breite Bündnisse aller Hauptakteure schmieden, von großen Ländern wie den USA, China und Russland bis zur UNO und ihren Spezialorganen und regionalen Organisationen wie der OSZE (Organisation für Sicherheit und Zusammenarbeit in Europa), der Afrikanischen Union und der ASEAN (Association of Southeast Asian Nations).

Im weitesten Sinne steht das multilaterale System auf dem Spiel, wenn die internationale Gemeinschaft es nicht schafft, diese Bedrohungen anzugehen. Diejenigen, die vom Klimawandel am stärksten betroffen sind, tragen nicht die größte Verantwortung für seine Ursachen. Das könnte eine Politik der Verbitterung anheizen: Süden gegen Norden, aber auch Süden gegen Süden, die Hauptbetroffenen gegen die Hauptverursacher. Kurzum, die Geopolitik des Klimawandels reicht weit über Umweltfragen hinaus und verknüpft alte Probleme auf neue Weise.

Die Entwicklung einer »CO_2-Diplomatie«

Und was tun wir, um die Auswirkungen des Klimawandels auf die internationale Sicherheit in den Griff zu bekommen? Erstens bauen wir generell EU-Dienste auf: von Überwachungs- und Frühwarnsystemen bis zu Konfliktvermeidung, Krisenmanagement und Katastrophenhilfe. Je mehr wir wissen und je mehr Möglichkeiten wir haben, desto besser können wir das Schlimmste verhindern und jenen helfen, die sich am schwersten mit dem Unvermeidlichen herumschlagen müssen.

Zweitens entwickeln wir eine »CO_2-Diplomatie«. In allen unseren Beziehungen – von Afrika bis zum Nahen Osten, von Lateinamerika bis Zentralasien und darüber hinaus – wecken wir das Bewusstsein für die Auswirkungen des Klimawandels auf die Sicherheit und diskutieren, wie wir am besten in jenen Ländern etwas aufbauen, die es am nötigsten haben. Wir verpflichten neben den üblicherweise außenpolitisch Tätigen auch eine Vielzahl anderer Mitwirkender: nichtstaatliche Organisationen, Beraterstäbe und Wirtschaftsunternehmen.

Drittens beurteilen wir, ob vorhandene Spielregeln »klimakonform« sind: Bei steigenden Wasserständen und schmelzendem Meereis besteht ein wachsender Bedarf, sich der aufkommenden Diskussion über Gebietsansprüche, exklusive Wirtschaftszonen und den Zugang zu neuen Handelswegen zu stellen. Abgesehen von der Forderung, vorhandene Regelungen des internationalen Rechts, wie des Seerechts, vollständig durchzusetzen, könnte die Notwendigkeit bestehen, sie angesichts neuer Herausforderungen durch den Klimawandel zu stärken. Manche Länder, die äußerst anfällig für den Klimawandel sind, fordern auch die internationale Anerkennung umweltbedingter Migrationen.

Instabilität frühzeitig erkennen

Wir haben festgestellt, dass es vielfach darum geht, Menschen aus Sicherheitsorganisationen und Umweltverbänden zusammenzubringen. Hier stellen sich Aufgaben, die in intellektueller Hinsicht spannend, aber nicht leicht umzusetzen sind. Allzu oft werden politische Strategien in getrennten »Silos« entwickelt, die untereinander nicht kommunizieren. Die Verbindung zwischen Klimawandel und Sicherheit hat uns aber dazu gebracht, die Gestaltung unserer Außen- und Sicherheitspolitik neu zu sehen. Es geht nicht darum, die Diskussion »zuversichern« oder sie gar den Umweltministern aus der Hand zu nehmen. Aber Militär- und Sicherheitskräfte verfügen über Einblicke und Denkweisen, die von großem Nutzen sein können: beispielsweise hinsichtlich des Mobilisierens großer technischer Forschungsprojekte oder der Vorbereitung auf scheinbar risikoarme, aber folgenreiche Geschehnisse.

Andererseits können Umweltschützer wichtige Beiträge zur Außenpolitik leisten, die uns über ein breiteres Spektrum von Ursachen hinter einem Konflikt nachdenken lassen und darüber, wie wir neuartiges Datenmaterial, so auch Klimadaten, nutzen können, um unsere Möglichkeiten zu verbessern, potenzielle Instabilität frühzeitig zu erkennen.

Selbstverständlich stehen wir erst am Anfang eines solchen Prozesses. Wir benötigen viel mehr Forschung, die sich mit den Konsequenzen des Klimawandels in besonderen Regionen befasst, sei es in Westafrika, im Nahen Osten, in Zentralasien oder in einzelnen Ländern. Der Klimawandel ist ein globales Problem, hat aber sehr unterschiedliche Auswirkungen. Wir benötigen detaillierte Analysen, um unsere Strategien zur Konfliktvermeidung und zur Planung der Krisenintervention zu optimieren.

Denken wir beispielsweise an Bangladesch, das bereits von 142 Millionen Menschen bevölkert wird. In den kommenden Jahrzehnten werden voraussichtlich weitere hundert Millionen hinzukommen. Indien hat entlang seiner Grenzen ein System von Zäunen errichtet, um die Zuwanderung aufzuhalten. Aber wenn die Meeresspiegel steigen und stärkerer Monsun hinzukommt, wird der Druck anwachsen. Berücksichtigt man noch die Folgen der Armut und den radikalen Islam, steht man vor einer Herausforderung, die sich jeder normalen Einordnung entzieht.

Europäer müssen mehr tun

Daraus ist der Schluss zu ziehen, dass wir wegen der Verbindung von Klimawandel und Außenpolitik zweispurig arbeiten müssen.

Auf der einen Spur brauchen wir ein ehrgeiziges und widerstandsfähiges Abkommen in der Nachfolge des Kyoto-Protokolls. Es wird geschickte Diplomatie erfordern, damit alle maßgeblich Beteiligten auf der Grundlage gemeinsamer, doch differenzierter Verantwortlichkeiten zusammenfinden. Deshalb war die Klimakonferenz in Kopenhagen im Dezember 2009 von so großer Bedeutung, auch wenn die hohen Erwartungen nicht erfüllt wurden. Der erreichte Minimalkonsens ist allerdings ein unmissverständlicher Auftrag an die Folgekonferenzen.

Um ein Übereinkommen anzuregen, hat die EU sich selbst verpflichtet, die Emissionen um 20 Prozent gegenüber den Werten von 1990 zu senken, und angeboten, diesen Wert auf 30 Prozent zu erhöhen, wenn andere entwickelte Länder sich in einer internationalen Vereinbarung zu vergleichbaren Senkungen verpflichten. Wir zählen darauf, dass die USA, Russland, China, Indien und andere ihren internationalen Pflichten nachkommen. Auf der zweiten Spur müssen wir mit anderen zusammenarbeiten, um die Sicherheitsfolgen des Klimawandels anzugehen.

Ungeachtet der Ergebnisse von Kopenhagen und selbst wenn wir heute alle Lichter ausschalten würden, werden die Folgen der Emissionen aus der Vergangenheit erst morgen für die Umwelt zu spüren sein. Das trifft ebenso auf die Folgen für die Sicherheit zu.

Alle Anzeichen sprechen dafür, dass wir eine Welt mit mehr schwachen und scheiternden Staaten zu erwarten haben, mehr Migration, mehr Streit über Ressourcen und häufigere Naturkatastrophen. Die Europäer müssen mehr tun, um diesen Herausforderungen zu begegnen, und alle Möglichkeiten der Diplomatie, der Sicherheits- und der Entwicklungspolitik sowie des Handels nutzen, die die Europäische Union einsetzen kann – in Partnerschaft mit anderen.

Wir alle sind Geschöpfe unserer Umwelt. Ein sich verändernder Planet stellt die Menschen in aller Welt vor ernste Herausforderungen.

Dieses Buch – »100 einzigartige Orte« – erinnert uns daran, was auf dem Spiel steht. Wir müssen jetzt handeln.

Bruno Morandi / Getty Images

Hirtenleben in der mongolischen Steppe

Die Nomaden der Mongolei streifen seit 3000 Jahren über die Ebenen Zentralasiens. Sie führen ein Hirtenleben und ziehen auf der Suche nach Weiden für ihr Vieh und Plätzen für ihre Jurten – runde, leicht zu transportierende Wohnzelte – umher.

Auch heute noch leben fast die Hälfte der drei Millionen Einwohner der Mongolei wie ihre Vorfahren als Hirten in der unwirtlichen Landschaft der Steppe.

Für die mongolischen Hirten und ihre Frauen sind Pferde unverzichtbar. Sie befördern alles, und die Stuten liefern Milch, die auch zu dem traditionellen alkoholischen Nationalgetränk *airag* vergoren wird.

Die Hirten züchten Rinder, Yaks, Schafe und Ziegen, und weiter südlich in der Wüste Gobi sogar Kamele. Die Rinder liefern ihnen die wichtigen Lebensmittel Fleisch, Milch, Joghurt und Käse, die Schafe versorgen sie mit Wolle für die Kleidung und Filz für ihre Jurten.

Abhängig von der Jahreszeit verlegen die meisten Mongolen dreimal jährlich ihre Lagerplätze, aber im rauen Süden kommt es auch vor, dass sie bis zu 18-mal im Jahr umziehen.

In den nächsten 80 bis 90 Jahren werden sich voraussichtlich die Niederschlagsverhältnisse ändern, und die Temperaturen sollen um 3,5 bis 4 °C steigen. Das wird negative Auswirkungen auf das Wachstum von Gras und krautartiger Vegetation auf den Ebenen haben. Die raue Halbwüste der Gobi wird weiter nach Norden vorrücken, was es den Mongolen dann erschweren wird, ausreichend Futter für ihr Vieh zu finden. Ihre traditionelle nomadische Lebensweise wäre dadurch gefährdet, ebenso die Erzeugung von Fleisch, Milch und Wolle.

Über Jahrhunderte eine blühende Stadt

Das Herzstück der alten Kolonialstadt Saint-Louis liegt auf der Insel Ndar, wo der Fluss Senegal in den Atlantik mündet. Die Stadt hat sich nach Osten auf das Festland ausgedehnt, wo sie von Sumpfgebiet umgeben ist, und im Laufe der Zeit ist sie auch auf die lange, schmale Landzunge Langue de Barbarie im Westen vorgedrungen.

Französische Kaufleute gründeten 1659 Saint-Louis auf der unbewohnten Insel Ndar. Die Siedlung erhielt ihren Namen nach König Ludwig XIV. und war fast drei Jahrhunderte lang die Hauptstadt von Französisch-Westafrika – als eine der dynamischsten Städte des Kontinents. Von ihrem Hafen aus wurden Sklaven, Elfenbein, Gold, Felle, Gummiarabikum und später Erdnüsse exportiert.

Während dieser Zeit entstand eine franko-afrikanische Gesellschaft in Saint-Louis. Die Nachkommen europäischer Kaufleute und einheimischer Frauen waren unentbehrliche Vermittler im Handelsverkehr zwischen den Gebieten am oberen und mittleren Senegal und der Küste. Diese franko-afrikanische Gesellschaft war ein wichtiges Element im Wirtschaftsleben der Stadt und entwickelte eine gepflegte urbane Kultur.

Das bunte Leben von Saint-Louis begann zu verblassen, als Senegal 1960 seine Unabhängigkeit erlangte und Dakar die Hauptstadt wurde. Seither bemüht sich Saint-Louis, über die Runden zu kommen. Die Wirtschaft der Stadt stützt sich heute auf den Tourismus, auf Zuckerproduktion, Landwirtschaft und Fischfang, aber viele Menschen leben in Armut.

Saint-Louis ist der Überschwemmungsgefahr durch den Fluss, durch Sturmfluten und heftige periodische Regenfälle ausgeliefert. Das schnelle Wachstum der Stadt zwang viele arme Menschen, ihre Behausungen in ausgetrockneten Flussbetten zu bauen – die wegen der Überflutungs- und Erdrutschgefahr praktisch unbewohnbar sind. Die schlechte Infrastruktur und unzulängliche Kanalisation sind weitere Kernprobleme. Bei voraussichtlich steigendem Meeresspiegel und heftigerem Starkregen wird es häufigere Überflutungen geben, von denen jede ein weiterer Sargnagel für eine bereits kränkelnde Stadt ist, ein weiterer Fluch für das Leben schon verarmter Familien und Gemeinden.

Bobby Haas/Getty Images

Der älteste und tiefste See der Erde

Der Baikalsee im Süden Sibiriens ist der tiefste See der Erde und fasst die größte Süßwassermenge. Er enthält mehr Wasser als die fünf Großen Seen Nordamerikas zusammen – das entspricht 20 Prozent des gesamten Süßwassers der Erdoberfläche. Der Baikalsee ist zudem der älteste See der Erde – er entstand vor möglicherweise über 25 Millionen Jahren.

Die gewaltige Wassermasse liegt hinter Bergen versteckt, und man wusste sehr wenig über den See, bis zwischen 1896 und 1902 die Transsibirische Eisenbahn gebaut und um ihn herumgeführt wurde. Infolge seines Alters und seiner isolierten Lage gibt es im Baikalsee eine der weltweit außergewöhnlichsten Ansammlungen besonderer Flora und Fauna. Sie ist für die Evolutionsforschung von großem Wert und hat dem See den Spitznamen »Galápagos Russlands« eingetragen. Der Baikalsee ist der Lebensraum von nahezu 2000 Pflanzen- und Tierarten, die man sonst nirgends auf unserem Planeten findet, darunter die Baikalrobbe oder Nerpa.

Der Baikalsee entstand, als die Erdkruste auseinanderdriftete und sich ein gigantischer Grabenbruch im Sibirischen Plateau bildete. Dieser Baikal-Rift ist noch in Bewegung und weitet sich jährlich um etwa zwei Zentimeter, wodurch sich der See ständig ausdehnt.

Lange Zeit glaubte man, der Baikalsee sei von den Folgen menschlicher Tätigkeiten unbeeinträchtigt geblieben, weil er ein einzigartiges Selbstreinigungssystem besitzt, bei dem das endemische Zooplankton *Epischura baicalensis* die Partikel toxischer Abfallstoffe aufsaugt und das Wasser säubert. Untersuchungen haben aber gezeigt, dass der Flohkrebs *Epischura* die Verunreinigungen nur aufnimmt und an andere Tiere weitergibt.

Und natürlich entgeht der See auch nicht den Auswirkungen der globalen Erwärmung. Die Artenvielfalt hier ist an die kalten, langen Winter angepasst, in denen das Wasser fünf Monate lang zugefroren ist. In den letzten 60 Jahren hat es sich aber um 1 °C erwärmt, und die Winter sind kürzer geworden. Wenn die Temperaturen weiter steigen, hat das schwerwiegende Folgen für das gesamte Ökosystem, nicht zuletzt für die *Epischura*. Verunreinigung und globale Erwärmung drohen nun einen Großteil der Flora und Fauna im Baikalsee zu vernichten.

Sarah Leen/Getty Images

Ein Wald voller Geister

76. *Charlevoix-Region · Québec*

Borealer Wald bedeckt über ein Drittel der Fläche Kanadas. Er zieht sich in einem fast tausend Kilometer breiten Streifen durch das Land vom Pazifik zum Atlantik. Die Ursprünge des Waldes liegen zwölf Millionen Jahre zurück. In seiner jetzigen Form entstand er nach der letzten Eiszeit vor 10 000 Jahren und wurde zur Heimat der First Nations, der Ureinwohner Nordamerikas.

Nadelbäume beherrschen den Wald, in dem eine vielgestaltige Tierwelt lebt. Der Charakter dieses Waldes hat sich über 5000 Jahre erhalten. 200 Arten von Vögeln brüten darin, und Säugetiere wie Karibu, Luchs, Schwarzbär, Elch, Kojote, Timberwolf, Waldbison, Grizzlybär und Biber sind hier zu Hause. Laubbäume wie Birken, Espen, Ebereschen und Pappeln wachsen in den südlichen Teilen und an den Flüssen, so auch in der Charlevoix-Region von Québec.

Die First Nations betrachten sich als wesentlichen Bestandteil dieses Waldes und fühlen sich zutiefst mit den Tieren und den Geistern verbunden, die diese ihre Welt durchdringen.

Das Wort »boreal« kommt von Boreas, dem griechischen Gott des kalten Nordwinds. Abgesehen von Kanada erstreckt sich solcher Wald gleich südlich des nördlichen Polarkreises rund um die Nordhalbkugel auch in Europa und Asien. Er macht 25 Prozent der gesamten Waldfläche der Erde aus.

Während der nächsten 80 Jahre wird der Temperaturanstieg in Nordamerika voraussichtlich über jenen auf dem übrigen Planeten noch hinausgehen. Klimamodelle zeigen, dass der boreale Wald um 50 Prozent schrumpfen und einer von Süden her vorrückenden Grassteppe weichen wird. Schreikranich, Waldkaribu und Waldbison sind die gegenwärtig am stärksten bedrohten Arten dieser Region. Aber eine drastische Verringerung des Waldes würde alle Arten beeinträchtigen, die in diesem ausgedehnten Ökosystem leben. Negative Auswirkungen auf die Heimat der Ureinwohner wären ebenso die Folge wie die Emission noch größerer CO_2-Mengen in die Atmosphäre.

James Balog/Getty Images

Wo Skifahrer dem Himmel nah sind

Die mondbeschienenen, schneebedeckten Gipfel des Chacaltaya erheben sich in die dünne Luft über der bolivianischen Hauptstadt La Paz bis in eine Höhe von 5421 Metern.

Der Chacaltaya-Gletscher ist über 18 000 Jahre alt, und sein Schmelzwasser bildet eine wichtige Ressource für die 1,6 Millionen Einwohner von La Paz und der Nachbarstadt El Alto.

Jahrzehntelang war der Gletscher ein beliebtes Ziel für die etwas besser gestellten Bürger der Hauptstadt. Seit den 1930er Jahren befindet sich hier der einzige Skiurlaubsort des Landes und zugleich das höchste Skigebiet der Erde, das mit einem Lift erreichbar ist. Von hier aus hat man außerdem einen Blick auf den berühmten Titicacasee. Im trockenen Winter ist der Schnee zu stark verharscht, als dass man sicher Ski fahren könnte, deshalb liegt die Hochsaison im südamerikanischen Sommer von November bis März.

Während der letzten 20 Jahre hat der Chacaltaya-Gletscher infolge der globalen Erwärmung jedoch mehr als 80 Prozent seines Volumens verloren. Auch wenn er immer noch zu verschiedenen Zeiten des Jahres mit Schnee bedeckt ist, werden diese Perioden jetzt kürzer. Die Folge ist, dass das einstmals berühmte Skigebiet viel von seiner Anziehungskraft verloren hat und der alte Skilift zum Stillstand gekommen ist.

Der Chacaltaya ist nur einer der vielen kleineren Gletscher der tropischen Andenkette, die erheblich geschrumpft sind. Dadurch ist die Wasserversorgung von La Paz und El Alto ernsthaft bedroht. Wenn die Temperaturen weiter steigen, wie erwartet, dürfte der Chacaltaya-Gletscher bald ganz verschwinden – und mit ihm ein wichtiger Teil des kulturellen Erbes und der Natur von Bolivien, ganz zu schweigen von den lebenswichtigen Süßwasserreserven.

Kalifornien von seiner schönsten Seite

Big Sur – eine der atemberaubendsten Landschaften, die die Westküste der USA zu bieten hat – erstreckt sich über 145 Kilometer entlang der kalifornischen Küste zwischen San Francisco und Los Angeles sowie 32 Kilometer landeinwärts.

Tiefe Schluchten bilden Einschnitte in diesem zerklüfteten Bergland, das dicht mit Kiefernwäldern bestanden ist und fast bis zu den Sandstränden am Pazifik reicht. Big Sur ist ein Naturwunder, das über eine erstaunliche Biodiversität mit vielen seltenen und bedrohten Arten verfügt.

Bevor in den späten 1930er Jahren der Highway 1 entlang der Küste gebaut wurde, war Big Sur eine abgeschiedene, unzugängliche Wildnis. Erst als es hier nach dem Zweiten Weltkrieg auch elektrischen Strom gab, fühlte sich eine neue Generation von Schriftstellern und Künstlern wie Henry Miller, Jack Kerouac, Hunter S. Thompson und Orson Welles von der Gegend angezogen.

Seither erfreut sich Big Sur seines besonderen Renommees als Künstlerparadies und Schauplatz vieler Romane, Filme, Gedichte und Lieder. Trotz dieser Popularität blieb es dünn besiedelt und hat nie etwas von seiner Unberührtheit und dem geheimnisvollen Nimbus seiner abgeschiedenen Lage verloren. Weniger als tausend Menschen leben in den Bergwäldern hier, von denen viele in Privatbesitz oder Teile staatlicher Naturparks sind.

Das Küstengebiet hat ein ganzjährig mildes Klima mit trockenem, sonnigem Wetter im Sommer und Herbst und kühlen, feuchten Wintern.

In den letzten 20 Jahren gab es im größten Teil Kaliforniens höhere Temperaturen und geringere Niederschläge im Frühjahr und Sommer. Das hat zu einer erheblichen Ausweitung gefährlicher Flächenbrände geführt, die auch Städte wie Los Angeles bedrohen. Im Jahr 2008 zerstörte ein Waldbrand in Big Sur 16 Häuser, mehr als 13 000 Hektar Wald wurden ein Raub der Flammen.

Ein weiterer Anstieg der Temperaturen und länger andauernde Sommerhitze würden die Häufigkeit und Heftigkeit solcher Brände erhöhen und die Bergwälder von Big Sur sowie viele andere Wälder in Kalifornien ernsthaft gefährden.

79. *Kordofan-Region · Sudan*

Der wertvolle Klebstoff aus dem Sudan

Der Sudan, das größte Land Afrikas, ist auch der weltweit bedeutendste Lieferant von Gummiarabikum. Ein breiter Gürtel von Senegal-Akazien, aus deren Harz der Klebstoff gewonnen wird, zieht sich von einem Ende des Landes zum anderen und bildet eine der Lebensgrundlagen von Kleinbauern wie auch der sudanesischen Wirtschaft insgesamt.

Gummiarabikum war im alten Ägypten unverzichtbar für die Mumifizierung, und seit biblischen Zeiten wurde es als Gemäldefirnis verwendet. Auch heute noch ist es ein geschätzter Rohstoff. Als natürlicher Emulgator hat es die gleichen Eigenschaften wie Leim, ist jedoch für den menschlichen Verzehr geeignet und gut wasserlöslich. In Softdrinks verhindert es die Separation der Farben und das Auskristallisieren des Zuckers; auf gleiche Weise hält es die Ingredienzien von Medikamenten zusammen. Bei der Zeitungs- und Zeitschriftenproduktion sorgt ein Schutzfilm aus mehrfachen Gummiarabikum-Schichten für die Beständigkeit der Druckfarben.

Kleinbauern profitieren von der weltweiten Nachfrage nach diesem Baumsaft. Sie zapfen die bernsteinfarbene Flüssigkeit ab, indem sie Löcher in die Rinde schneiden. Der rohe Saft wird zur Weiterverarbeitung nach Europa verschickt und dort verkauft. Im letzten Jahrzehnt sind die Exporte jedoch dramatisch zurückgegangen – nicht zuletzt wegen der anhaltenden humanitären Krise in Darfur, die das Ansehen des Sudan schwer beschädigt hat und sich auf alle Exporte äußerst ungünstig auswirkt.

Auch der globale Klimawandel hat zum Niedergang des Exports beigetragen. Während der letzten 50 Jahre haben sich unterdurchschnittliche Regenmengen, Dürren und steigende Temperaturen schädlich auf die Wälder und damit auf die Gummiproduktion und das Leben von Millionen von Sudanesen ausgewirkt.

Abgesehen von ihrem Wert als lebenswichtige Einkommensquelle verbessern die Senegal-Akazien die Fruchtbarkeit des Bodens und verringern die Winderosion. Bei voraussichtlich steigenden Temperaturen und unklaren Niederschlagsentwicklungen sind die Aussichten für die Gummiarabikum-Wälder höchst ungewiss. Jeder weitere Verlust an Wald und Einkommen würde aber Lebensgrundlagen bedrohen und die Konflikte in der Region weiter verschärfen.

Randy Olson/Getty Images

Uriel Sinai/Getty Images

Ein Tal glitzernder Eisberge

Es heißt, wenn man die Arktis beobachtet, könne man voraussehen, was auf unserem übrigen Planeten geschehen wird.

Der Ilulissat-Eisfjord ist eine mächtige Mauer von Eisbergen, die von dem Jakobshavn- oder Sermeq-Kujalleq-Gletscher weggebrochen sind. Der Eisfjord erstreckt sich 60 Kilometer weit von der Stadt Ilulissat bis zum Eisschelf Grönlands und ist einer der schönsten und eindrucksvollsten Orte der Erde. Doch die Gletscherzunge hat sich seit 1992 bereits um sieben Kilometer zurückgezogen.

Der Gletscher bildet einen Teil des Inlandeisschelfs von Grönland, das über 80 Prozent der Insel bedeckt und an seiner stärksten Stelle drei Kilometer dick ist. Hier liegt eine der sich am schnellsten erwärmenden Gegenden der Erde. Jüngste Forschungsergebnisse zeigen, dass 2007 infolge höherer Lufttemperaturen und Ozeanströmungen 240 Kubikkilometer Eis ins Meer abgeschmolzen sind – 97 Prozent mehr, als die durchschnittliche Schmelze zwischen 1996 und 2006 betrug.

So wie sich das Klima drastisch verändert, wandelt sich auch das Leben der Menschen. Wenn der Ilulissat-Eisfjord nicht durchwegs mit Eis gefüllt ist, können die Einheimischen nicht mehr mit ihren Hundeschlitten auf die Robbenjagd gehen. Ihre Häuser sind von Unwettern bedroht, und ihre traditionellen Reiserouten werden immer gefährlicher. Eisbären haben sich weiter nach Norden zurückgezogen, und Narwale werden seltener.

Wenn das Meereis schmilzt und die Schneedecke schrumpft, werden mehr Sonnenstrahlen vom Meer und vom Land absorbiert, anstatt durch das Weiß der Schnee- und Eisoberfläche in die Atmosphäre reflektiert zu werden. Das verstärkt die Erderwärmung und lässt das Eis noch schneller schmelzen. Es ist so, als wäre die Erde in eine sich aufheizende Heizdecke gehüllt.

Das Abschmelzen des Inlandeises trägt zum Ansteigen der Meeresspiegel bei und verursacht damit das Eindringen von Salzwasser und die Überflutung von Küstengebieten rund um die Erde. Käme das gesamte Grönlandeis zum Schmelzen, würden die Weltmeere um 7,20 Meter ansteigen.

Wie die meisten Grönländer sind die 5000 Einwohner der Stadt Ilulissat seit Generationen Jäger und Fischer. Eltern unterweisen ihre Kinder im Einsatz der traditionellen Jagdgeräte und -methoden. Wenn ein Kind seine erste Robbe oder sein erstes Rentier erlegt, ist das ein großes Ereignis in der Gemeinschaft, das mit einem *kaffemik*, einem traditionellen geselligen Beisammensein, gefeiert wird.

Die meisten Einwohner von Ilulissat verdienen ihren Lebensunterhalt mit dem Krabben- und Heilbuttfischen sowie mit dem Tourismus. Grönländer haben das Recht, in beschränktem Maß Walfang zu betreiben; deshalb bildet die Jagd auf Schweins- und Belugawale weiterhin für manche eine wichtige Einkommensquelle. Wegen der Meereisschmelze werden Hundeschlitten – einst ein unverzichtbares Vehikel für die Jagd und das Eisfischen – jetzt oft nur noch dazu benützt, Touristen auf Fahrten über das Inlandeis zu befördern.

Søren Rud

Uriel Sinai/Getty Images

81. *Vava'u · Tonga*

Den Walen ganz nah

Vava'u ist eine Inselkette, die den nördlichen Teil des Königreichs Tonga im Südpazifik bildet. Sie besteht aus einer großen Insel und etwa 50 kleineren, vielfach winzigen, unbewohnten Inselchen mit wunderschönen weichen, weißen Sandstränden.

Während das übrige Tonga hauptsächlich von der Landwirtschaft und dem Einkommen im Ausland wohnender Tongaer lebt, ist für die dünn besiedelten Vava'u-Inseln der Tourismus zur Hauptstütze geworden. Vava'u spielt in der Tourismusbranche des Südpazifiks eine große Rolle und lockt zahlreiche gecharterte Jachten zu den über 40 abgelegenen Ankerplätzen vor den unbewohnten Inseln, die von Korallenriffen geschützt sind.

Thomas J. Abercrombie/Getty Images

Marslandschaft auf der Erde

Die Rub al-Khali, das »Leere Viertel«, ist mit rund 700 000 Quadratkilometern die größte zusammenhängende Sandfläche der Erde – doppelt so groß wie Deutschland. Sie erstreckt sich über Teile Saudi-Arabiens sowie auf den Jemen, auf Oman und die Vereinigten Arabischen Emirate. Sie bildet eine der unwirklichsten und unwirtlichsten Landschaften auf unserem Planeten.

Jahrhundertelang waren wilde Beduinenstämme die einzigen Bewohner, die in dieser weiten Wildnis zu überleben vermochten. Einige Beduinen wohnen heute in Städten, andere führen weiter ihr traditionelles Nomadenleben in Zelten, ernähren sich von der Milch und vom Fleisch ihrer Schafe, Ziegen und Dromedare; Letztere dienen ihnen auch zu Transportzwecken.

Es gibt keine dauerhafte Besiedelung im »Leeren Viertel«, und nur wenige Menschen haben jemals diese Wüste durchquert. Im Sommer steigen die Temperaturen über 50 °C und machen dieses »Viertel« zu einem der heißesten und trockensten Orte der Erde. Im Laufe der Zeit hat der Wind Sanddünen geformt, die eine Höhe von bis zu 300 Metern erreichen und eine surreale Landschaft bilden – eine Marslandschaft auf der Erde.

Selbst in diesem unwirtlichen Klima gibt es Leben. Die spärliche Vegetation – hauptsächlich einzelne, verstreute Kräuter, Sträucher und Gräser – ernährt immerhin das Vieh der Beduinen. Kürzliche Forschungsexpeditionen haben 31 neue Pflanzenarten und Varianten sowie 24 Vogelarten entdeckt, weshalb die Wissenschaftler dem »Leeren Viertel« den Spitznamen »Wertvolles Viertel« gaben.

Das empfindliche Ökosystem der arabischen Wüste ist für Klimaveränderungen besonders anfällig. Selbst ein geringes Ansteigen der Temperaturen würde die Verdunstung zunehmen lassen und die Luftfeuchtigkeit an der Oberfläche verringern – eine noch stärkere Beanspruchung der Wasserressourcen. Voraussichtlich werden bis Ende des Jahrhunderts die Temperaturen im Jahresdurchschnitt um 4 bis 5 °C steigen, wodurch die ohnedies spärliche Vegetation vernichtet würde und die hier noch lebenden Beduinenstämme gefährdet wären.

83. *Panamakanal · Panama*

Eine teure Abkürzung

Nach einem früheren, erfolglosen Versuch, eine Abkürzung zwischen Atlantik und Pazifik zu bauen, gelang es den USA Anfang des 20. Jahrhunderts, einen Kanal quer durch Panama anzulegen. Insgesamt 27500 Arbeiter starben durch Erdrutsche oder Krankheiten wie Malaria und Gelbfieber bei diesem Vorhaben, einem der größten und schwierigsten bautechnischen Projekte der Menschheitsgeschichte.

Der Panamakanal wurde 1914 eröffnet und revolutionierte den internationalen Schiffsverkehr, weil er eine Alternative zur langen, mühevollen Reise um Kap Hoorn an der Südspitze Südamerikas bot. Die neue Wasserstraße zwischen den beiden Ozeanen verkürzte für Schiffe die Reise von New York nach San Francisco von 22 500 auf 9500 Kilometer. Heute werden etwa vier Prozent des gesamten Welthandels durch den Kanal geschleust, weshalb die Schifffahrt zum wichtigsten Wirtschaftszweig Panamas geworden ist.

Der Kanal wird nicht mit Meerwasser, sondern mit Süßwasser befüllt, das aus 17 künstlich angelegten, miteinander verbundenen Seen strömt. Wenn das Wasser in die verschiedenen Schleusen geleitet wird, werden die Schiffe nach und nach auf 26 Meter über dem Meeresspiegel angehoben. Das bedeutet, dass der Panamakanal dreimal mehr Wasser verbraucht als die ganze für ihre Wasserproblematik bekannte Stadt Los Angeles – insgesamt also Tag für Tag schätzungsweise rund 35 Millionen Hektoliter!

Schifffahrtsgesellschaften setzen heute immer größere Schiffe ein, deshalb ist ein fünf Milliarden Dollar teurer Ausbau des Kanals in Angriff genommen worden – er soll bis 2014 fertig gestellt werden, pünktlich zur Hundertjahrfeier der Kanaleröffnung. Dieser Ausbau wird noch mehr Wasser erfordern. Andererseits musste Panama den Kanal währen der letzten Jahre aufgrund von Wassermangel bereits einige Male schließen. Weil die Speicherseen auf den Regen angewiesen sind, wird möglicherweise nicht genug Wasser für die Erweiterung vorhanden sein.

Vermehrt auftretende El-Niño-Ereignisse, die vermutlich von der globalen Erwärmung verursacht werden, könnten in Zukunft durch veränderte Niederschlagsverhältnisse die Wasserressourcen weiter verringern und extreme Dürren verursachen. Das würde weltweit zu Störungen des Schiffsverkehrs führen und schlimme Auswirkungen auf die Wirtschaft und die Menschen von Panama haben.

Bruce Dale/Getty Images

Søren Rud

MARK WARFORD

Die Verletzlichkeit unseres Planeten

»Meine Damen und Herren! Willkommen im Nordpolarmeer!«

»Die Kufen der Twin Otter kratzen und schaben über die aufgebrochene, buckelige Oberfläche des Meereises, einmal, zweimal, dann herrscht Stille. Die Triebwerke des Flugzeugs haben ihr vertrautes Heulen wieder aufgenommen, als wir steigen, uns scharf in die Kurve legen und die grelle, strahlend weiße, im Sonnenlicht glitzernde Fläche nach Anzeichen offenkundiger Schwachstellen absuchen. Unser dritter Anflug ist viel heftiger, dieses Mal zerschrammen wir das Eis und ebnen kleine Schneehügel ein. Dem sanften Abstieg folgt eine Kakophonie krachender zersprengter Eishaufen, Mensch und Maschine werden erbarmungslos gestoßen und geschüttelt. Langsam, aber sicher und mit höchster Konzentration ziehen wir eine Spur von über einem halben Kilometer. Das Aufheulen der Triebwerke bei voller Schubkraft verkündet, dass wir noch eine Schleife ziehen und es erneut versuchen müssen. Beim letzten Landeanflug gehen wir aufs Ganze. Das volle Gewicht des Flugzeugs und aller Seelen an Bord ist nun dem lockenden, launischen Meereis ausgeliefert. Eine scheinbare Ewigkeit lang rumpeln und hüpfen wir über die holperige weiße Ebene wie hilflose Eiswürfel in einem Glas und kommen schließlich mitten in einer undurchdringlichen Wolke von aufgewirbeltem Schnee und Eis knirschend zum Stehen. Und dann werden wir mit einem der für uns Menschen irritierendsten Geräusche konfrontiert – dem Krachen und Knallen des Eises unter uns. ›Meine Damen und Herren! Willkommen im Nordpolarmeer!‹«

Eine Tragödie entwickelt sich

Als Regisseur und Kameramann habe ich viele Monate bei Filmaufnahmen in abgelegenen Polarregionen verbracht. Die Erinnerungen daran möchte ich als persönliches Zeugnis der Verletzlichkeit unseres Planeten widmen und dem, was alle Welt irrtümlich als immer bestehenden Dauerzustand betrachtet. Wir haben die Berichte gelesen und die Filme gesehen, und doch bleibt unsere einmütige Reaktion auf eine sich entwickelnde Tragödie allein auf die Gegenwart fixiert. Wir sind so sehr von unserer kollektiv eingeengten Weltsicht befangen, dass wir – wenn nicht die einzelnen Menschen, die größeren Körperschaften und die Regierungen gleichermaßen positiv und selbstlos handeln – uneingeschränkt und negativ dem Leben aller kommenden Generationen Schaden zufügen.

Mark Warford ist preisgekrönter Direktor und Mitbegründer von LoverEarth, Inc.
Er arbeitete unter anderem für Greenpeace, National Geographic und Getty Images.
Klima- und Umweltprobleme überall auf der Erde hat er aufgezeigt und dokumentiert.

Ein empfindliches Delta – Heimat von 25 Millionen Menschen

Das Nigerdelta dehnt sich über 20 000 Quadratkilometer an der südlichen Atlantikküste von Nigeria aus. Es ist das zweitgrößte Mündungsdelta der Erde und mit seinen Tausenden von Dörfern, die verstreut im größten Mangrovensumpf Afrikas liegen, die Heimat von etwa 25 Millionen Menschen.

Das Ökosystem des Deltas verfügt über eine der größten Dichten biologischer Vielfalt auf unserem Planeten, darunter finden sich auf dem Land ebenso wie im Wasser unzählige Arten von Fauna und Flora. Hier gibt es die weltweit größte Fülle von Schmetterlingsarten.

Nicht weit von Port Harcourt, der Hauptstadt des nigerianischen Bundesstaates Rivers, befindet sich im Delta eines der reichsten Erdölvorkommen der Erde, wodurch Nigeria zum weltweit siebtgrößten Ölproduzenten wurde. Doch hat die gewaltige Ölproduktion in weiten Teilen des Deltas auch zu einer ausufernden Umweltverschmutzung geführt.

Zumeist sind Wanderarbeiter auf den Ölfeldern tätig. Die Einheimischen, die 40 verschiedenen ethnischen Gruppen angehören, bestreiten ihren Lebensunterhalt mit Landwirtschaft und Fischfang. Sie gehören zu den am schlechtesten bezahlten Menschen in Nigeria; die meisten von ihnen leben unterhalb der Armutsgrenze. Zu allem Übel führen Rivalitäten zwischen einer Reihe von Warlords und den unterschiedlichen ethnischen Gruppen zu häufigen Ausbrüchen von Gewalttätigkeiten.

Die prognostizierten Klimaveränderungen – einschließlich steigender Meeresspiegel und extremer Wettersituationen – könnten deutlich mehr Überflutungen des Deltas zur Folge haben. Die dadurch erfolgende Meerwasserintrusion in die Süßwasservorkommen würde das gesamte Ökosystem bedrohen, Mangroven zerstören und Landwirtschaft, Fischfang, Infrastruktur und Lebensgrundlagen der hiesigen Bevölkerung schwer beeinträchtigen. Selbst auf die Ölproduktion könnte sie sich bedenklich auswirken. Überdies würden die Menschen zunehmend anfällig für direkt und indirekt vom Wasser übertragene Krankheiten wie Malaria, Ruhr und Cholera werden.

Bis zum Ende des Jahrhunderts könnten große Teile des Deltas zerstört sein, und Millionen von Menschen, die ihrer notwendigsten Einkünfte beraubt wären, müssten ihren Wohnsitz aufgeben und verlegen.

Jacob Silberberg/Getty Images

Das seichte Wasser des »Ungarischen Meeres«

Der Balaton, der Plattensee, wird von den Ungarn auch gern als das »Ungarische Meer« bezeichnet – nicht ganz zu Unrecht, denn er ist der größte See Mitteleuropas. Er liegt – lang hingezogen über 77 Kilometer – zwischen den niedrigen Vulkanbergen Westungarns und ist für seine geringe Tiefe berühmt, die durchschnittlich nur drei Meter beträgt.

Vor zwei Jahrtausenden nannten ihn die Römer *lacus pelso,* den »seichten See«. Sie waren es, die in Ungarn als Erste Weinberge auf den Vulkanhügeln anlegten, wo die Reben durch die Reflexionen der Sonnenstrahlen auf dem See doppelt so viel Sonne abbekommen.

Im späten 19. Jahrhundert wurde der Balaton für die Oberschicht in der österreichisch-ungarischen Donaumonarchie zum beliebten Sommerrefugium. Man genoss fast 600 Quadratkilometer warmen Wassers, malerische Dörfer, ungarische Folklore und den Wein von den lokalen Weinbergen. Nach dem Zweiten Weltkrieg, als die Bürger der DDR so gut wie keine Reisefreiheit hatten, war der Balaton ein beliebter Urlaubstreffpunkt für West- und Ostdeutsche. Seit dem Zusammenbruch der kommunistischen Regime in Osteuropa vor 20 Jahren ist der Balaton ein Ferienziel für Millionen Touristen aus ganz Europa geworden, was der dortigen Wirtschaft einen enormen Aufschwung verschafft hat.

In den vier aufeinanderfolgenden Sommern von 2000 bis 2003 nahmen die Regenfälle erheblich ab und die Temperaturen deutlich zu. Der berühmte See begann zu schrumpfen, und der Wasserspiegel sank weiter ab als normal. Große Schlammbänke tauchten etwa hundert Meter vom Ufer entfernt auf.

Im Sommer 2003 lagen die Temperaturen 4 °C über dem Durchschnitt. Wissenschaftler sind der Ansicht, dass dies ein frühes Warnsignal des Klimawandels ist, das auf die Folgen hindeutet, die durch die globale Erwärmung im weiteren Verlauf des Jahrhunderts eintreten werden.

Die sommerlichen Niederschläge sollen in Mitteleuropa um 30 bis 70 Prozent abnehmen, die Temperaturen erheblich höher liegen. Die Gegend um den Balaton würde bis zum Ende des Jahrhunderts eine Zunahme von Hitzewellen und Dürren um 50 Prozent erleben. Dadurch könnten große Teile des Sees austrocknen und die historischen Weinberge bedroht sein.

Ein blauer Nebel von Eukalyptus-dunst

86. *Greater Blue Mountains · New South Wales, Australien*

Die »Blauen Berge« – ein zerklüftetes Sandsteinplateau mit steilen Berghängen, tiefen Schluchten und unzugänglichen Tälern, Flüssen und Seen – haben ihren Namen von dem blauen Dunstschleier, der aus den Eukalyptuswäldern aufsteigt.

Die Greater Blue Mountains liegen westlich von Sydney; sie dehnen sich über 10 000 Quadratkilometer aus. Hier wachsen mehr als hundert Eukalyptusarten, von denen viele für »evolutionäre Relikte« gehalten werden, die fast 200 Millionen Jahre überdauert haben.

Der blaue Dunstschleier rührt von den Dämpfen des leicht entzündlichen Eukalyptusöls her, das bei Hitze von den Blättern abgegeben wird.

So ist es seit Millionen von Jahren, und gelegentliche Waldbrände, die von der Hitze und den Eukalyptusdämpfen ausgelöst werden, sind ein natürlicher Vorgang in diesem Ökosystem. Viele Eukalyptussorten und andere heimische Pflanzenarten haben sich so an die Brände angepasst, dass sie danach lediglich ihre Samen ausschütten, aus denen neue Pflanzen wachsen.

Doch das System ist sehr fein ausbalanciert, und die prognostizierte Zunahme der jährlichen Durchschnittstemperaturen sowie die Abnahme der Regenmengen infolge des Klimawandels könnten zu einem erhöhten Risiko häufiger, heftiger und zerstörerischer auftretender Waldbrände in den nächsten 20 bis 60 Jahren führen.

Zu häufige Brände würden Pflanzen vernichten, bevor sie voll entwickelt sind und neue Samen ausbilden können. Eine deutliche Verringerung der Vielfalt der Eukalyptusarten und der übrigen Flora wäre die Folge. Das labile Gleichgewicht des Ökosystems der Greater Blue Mountains würde sich dadurch stark verändern.

Adam Gault / Getty Images

Wasser – nicht Öl – ist die wichtigste Ressource der Erde

Über drei Millionen Menschen – ungefähr die Hälfte der jordanischen Bevölkerung – drängen sich in der Hauptstadt Amman. Diese ist ideal gelegen auf mehreren Hügeln zwischen der Wüste und dem fruchtbaren Tal des Jordan, der die Stadt mit Trinkwasser versorgt.

Wohnhäuser kleben an den Hängen von Ost-Amman, dem ältesten Teil der Stadt, dicht an dicht mit kleinen Läden und Basaren. Die Bevölkerung von Amman ist in den letzten Jahrzehnten sprunghaft angewachsen. Neue Gebäude und Stadtviertel sind wie Pilze aus dem Boden geschossen, was auch am Zustrom von Palästinensern aus den umstrittenen Gebieten und dem Irak liegt sowie an innerer Zuwanderung aus ländlichen Gebieten.

In Jordanien ist jeder Tropfen Wasser kostbar. Obwohl es eines der zehn trockensten Länder der Erde ist und zu 80 Prozent aus Wüste besteht, ist die Landwirtschaft die Haupterwerbsquelle in den armen Landgegenden, wo Gemüse, Weizen und Gerste in kleinen, familiengeführten Betrieben angebaut werden.

Der Jordan, der ins Tote Meer fließt, ist das einzige Flusssystem des Landes und für dieses lebenswichtig. Wasser ist ein Konfliktstoff in Jordanien. Die ausufernde Stadt benötigt Trinkwasser. Bauern brauchen es, um ihre Felder zu bewässern. Der Streit um Wasserrechte heizt auch Auseinandersetzungen zwischen Jordanien und – auf der gegenüberliegenden Seite des Flusses – Israel sowie den Palästinensern auf der West Bank an.

Der deutliche Rückgang des Wasserpegels im Jordan während der letzten Jahrzehnte als Folge der Ausbeutung durch die Menschen und des Klimawandels erklärt zum Teil, warum der Wasserstand des Toten Meeres pro Jahr um einen Meter absinkt. Der Boden im Jordantal ist nicht mehr so fruchtbar, und so sind Bauern gezwungen, in die Stadt abzuwandern und ihr Ackerland der Wüste zu überlassen. Bei voraussichtlich steigenden Temperaturen und abnehmenden Niederschlägen wird Wasserknappheit weitere Spannungen in der Region forcieren, die Landflucht nach Amman beschleunigen und die Wasserkapazitäten der Stadt zusätzlich belasten.

Tariq Dajani/Getty Images

مشغل ابو اسامه

Jeremy Walker / Getty Images

88. *Cahors · Tal des Lot, Frankreich*

Der Wein der Päpste und Könige

Der Weinbau am Fluss Lot in der Nähe der Stadt Cahors im Süden Frankreichs reicht zurück in die Zeiten des Imperium Romanum. Die ersten Rebstöcke wurden hier um 50 v. Chr. gepflanzt, und seither ist die Gegend für ihre Rotweine berühmt.

Während des Mittelalters war der Cahors-Wein als »der schwarze Wein des Lot« bekannt. König Heinrich II. von England trank ihn 1152 bei seiner Vermählung, und als Papst Johannes XXII., Sohn eines Schuhmachers aus Cahors, 1316 inthronisiert wurde, wählte er den Cahors sowohl als Tafel- wie auch als Messwein. Fast 500 Jahre später war er der Lieblingswein Peters des Großen, des russischen Zaren. Kurz danach übernahm die russisch-orthodoxe Kirche den Cahors als Messwein.

In jüngerer Zeit wurde der Ruhm des Cahors vom Rotwein aus Bordeaux überstrahlt. Doch 1971 erhielt er das wichtige und begehrte Qualitätssiegel *Appellation d'Origine Contrôlée* – oder AOC – und ist neuerdings wieder sehr geschätzt und beliebt.

Heute erstrecken sich die Anbauflächen der Cahors-Trauben über insgesamt 4200 Hektar, die sich auf verschiedene Winzer verteilen. Einer von ihnen ist Prinz Henrik, der aus Frankreich stammende, mit Königin Margarete II. verheiratete Prinzgemahl von Dänemark. Er ist Eigentümer des Weinguts Château de Cayx, das 20 Kilometer westlich von Cahors liegt.

In Frankreich ist der Anbau verschiedener Traubensorten auf ganz bestimmte Gebiete beschränkt, weshalb jeder Wein seine besondere, durch das AOC-Siegel zertifizierte Note hat. Die Trauben sind äußerst empfindlich für Klimaveränderungen, und ein Temperaturanstieg von mehr als 1 bis 2 °C könnte eine Verlegung des Anbaus in kühlere Gegenden erzwingen.

Im Süden Frankreichs sollen die Sommertemperaturen bis etwa 2070 oder zum Ende des Jahrhunderts um mehr als 6 °C steigen – das bedeutete das Ende des traditionellen Weinbaus in Cahors und vielen anderen Teilen Frankreichs.

89. *Halligen · Deutschland*

Leben nach Maßgabe des Meeres

Die Bewohner der zehn kleinen Halligen vor der deutschen Nordseeküste passen sich seit Jahrhunderten den Launen des sie umgebenden Meeres an. Die knapp über dem Meeresspiegel liegenden Inseln, die von der Flut der Nordsee aufgebaut wurden, haben sich ihre raue, unberührte Natur bewahrt.

Der Name »Halligen« kommt von dem keltischen Wort *Hal* für Salz und bezieht sich auf die gelegentlich wiederkehrenden Überflutungen der Inseln, wenn das Salzwasser des Meeres weit landeinwärts vordringt. Durch dieses Phänomen entstand ein besonderes Ökosystem mit fruchtbaren Salzwiesen, auf denen im Sommer der Strandflieder blüht und in dem Pflanzen und Tiere leben, die auf den Zustrom von Salzwasser angewiesen sind.

Die Vorfahren der Inselbewohner häuften mehrere Meter hohe Wohnhügel auf, sogenannte Warften, auf denen sie ihre Häuser und anderen Gebäude errichteten, um vor Sturmfluten sicher zu sein. Schafe weiden auf den umliegenden Wiesen und treten mit ihren Klauen immer wieder den Boden fest, der die Grundlage der Warften bildet.

Wenn die Halligen überflutet werden und Teile der Inseln »Land unter« sind, ziehen sich die Bewohner mit ihrem Vieh auf die Warften zurück und warten ab, bis das Wasser wieder zurückgeht.

Die globale Erwärmung lässt ein Ansteigen der Meeresspiegel erwarten. Die Halligen werden dann häufiger überflutet sein, was die bescheidene, doch für den Erhalt der Inseln unverzichtbare Landwirtschaft auf den Inseln wesentlich erschweren dürfte. Die Bodenerosion infolge schwerer Sturmfluten könnte die Fundamente der Warften untergraben und dieses einzigartige Inselhabitat gefährden.

Die Halligen werden auch die »Atolle des Nordens« genannt. Wie die Koralleninseln und Atolle im Pazifik sind sie dem Meer ausgeliefert und laufen Gefahr, ganz zu verschwinden, wenn die Meeresspiegel steigen.

Karl Johaentges/Getty Images

Bobby Haas/Getty Images

Schwindendes Eis auf den Gipfeln der Anden

Die Quelccaya-Eiskappe mit ihren mächtigen Eisfeldern und bläulich weißen Gletschern ist ein Ehrfurcht gebietender Anblick. Sie erstreckt sich über 44 Quadratkilometer auf der östlichen Kordillere im südlichen Peru und ist der weltweit größte tropische Gletscher.

Seit Jahrtausenden hat das Eis die Andengipfel im Griff und speist die unterhalb verlaufenden Flüsse und Ströme. Die riesigen Eismassen lieferten Wissenschaftlern Daten über Niederschläge und Temperaturen, die bis 1500 Jahre weit zurückreichen, und ermöglichten es, jährliche Schneefälle seit der Zeit der frühen Andenkulturen zu berechnen.

Das Gletscherschmelzwasser von der Quelccaya-Eiskappe ist für einen Großteil der peruanischen Bevölkerung lebensnotwendig. Die Bauern brauchen es für die Bewässerung und speichern es; Wasserkraftwerke beliefern große Städte wie Cuzco und Lima mit Trinkwasser und mit Strom.

Schätzungsweise zwei Millionen Menschen der insgesamt neun Millionen Einwohner der Hauptstadt haben keinen kostenlosen Zugang zu frischem Trinkwasser. Sie müssen beträchtliche Preise dafür bezahlen und werden die Ersten sein, die die Folgen eines Wassermangels zu spüren bekommen.

Das Quelccaya-Eisfeld ist keine unerschöpfliche Quelle mehr. Seit 1978 hat es 20 Prozent seiner Fläche eingebüßt, und die Geschwindigkeit, mit der es abschmilzt, nimmt zu. Im einstmals stetigen Abfluss des Schmelzwassers gibt es jetzt Unterbrechungen, und es ist zu erwarten, dass die Quelccaya-Eiskappe binnen 30 bis 50 Jahren als Folge der globalen Erwärmung verschwunden sein wird. Millionen von Peruanern haben dann keine verlässliche Wasserversorgung mehr – und die Anden keine Eisdecke.

Lima liegt 15 Kilometer vom Meer entfernt und ist nach Kairo die zweitgrößte Wüstenstadt der Erde. Am Stadtrand erstrecken sich Elendsviertel und Hüttensiedlungen bis hinaus in die Wüste und wachsen sogar an den kahlen Berghängen empor. Viele verarmte Bewohner aus den Berggegenden, hauptsächlich Aymara- und Quechua-Indios, wandern in die Küstenstädte ab, wo sie sich bessere Lebensbedingungen erhoffen.

Eine Hütte am Stadtrand wird zuerst aus Bambusmatten gebaut, die nach und nach durch Holz- und Wellblechteile ersetzt werden. Je nach dem Glück und Vermögen der Familie wird das Holzhaus eines Tages vielleicht in eines aus Ziegelsteinen und Mörtel umgebaut.

Der beeindruckende Kreislauf des Lebens

Der Columbia River ist über eine lange Strecke zugleich die Grenze zwischen den Staaten Oregon und Washington und – dem Volumen nach – der größte Fluss Nordamerikas, der in den Pazifik mündet.

Mehr als 15 000 Jahre lang haben Stämme der amerikanischen Ureinwohner in den Gebieten entlang des Columbia River und seiner Nebenflüsse gelebt und sich hauptsächlich von dem fischreichen Fluss ernährt. Heute wird der Fluss wesentlich stärker befischt; er ermöglicht in großem Umfang sowohl kommerziellen Fischfang als auch Fischerei, die nur den Eigenbedarf abdeckt.

Verschiedene Lachsarten sind in dem Fluss zu Hause und typischerweise anadrom: Die Lachse werden im Süßwasser des Columbia River geboren, sie wandern dann in den Pazifik und verbringen ihr erwachsenes Leben im Salzwasser. Am Ende ihres Lebenszyklus schwimmen sie Hunderte von Meilen, selbst gegen stärkste Strömungen, flussaufwärts, um zum Laichen an den Oberlauf des Columbia River zurückzukehren. Die Lachse machen diese verblüffende Wanderung den Strom hinauf nur einmal im Leben, und bald nach der Laichablage sterben sie.

Mit seiner mächtigen Strömung – die Durchflussmenge beträgt an der Mündung 7500 Kubikmeter pro Sekunde – und seinem starken Gefälle verfügt der Columbia River über ein gewaltiges Potenzial für die Erzeugung von Elektrizität. Doch hindert der Bau vieler Staustufen für die Stromgewinnung die Lachse daran, ihre Laichgründe zu erreichen. Die Staudämme verringern zudem die Fließgeschwindigkeit, deshalb brauchen junge Lachse monatelang für ihre Reise flussabwärts ins Meer, nicht wie früher zwei oder drei Wochen.

Der Lachsbestand im Columbia River hat sich in den letzten Jahrzehnten deutlich verringert. Die globale Erwärmung wird diese Situation noch verschlimmern. Höhere Wassertemperaturen beschleunigen die Entwicklung des Laichs. Die Jungfische sind kleiner und werden damit zu einer leichten Beute von Raubfischen und anderen Raubtieren, wodurch die Überlebensrate insgesamt geringer ist. Bis 2090 wird der für Lachse geeignete Lebensraum in Oregon und Idaho um mehr als 40 Prozent schrumpfen.

Cotton Coulson/Getty Images

Raul Touzon/Getty Images

Eine der ältesten Tierarten der Erde

Meeresschildkröten gibt es seit über hundert Millionen Jahren. Die Männchen verbringen ihr ganzes Leben im Ozean. Nur die Weibchen wagen sich alle zwei Jahre ein- oder zweimal für ein paar Stunden an Land, um ihre Eier an den Stränden in 40 bis 50 Zentimeter tiefe Löcher zu legen und mit Sand zu bedecken, bevor sie schleunigst wieder ins Meer zurückkehren.

Obwohl sie in den meisten tropischen und subtropischen Gewässern rund um den Globus vorkommen, werden etliche Arten von Meeresschildkröten als bedroht eingestuft. Vier davon – eine ist die Echte Karettschildkröte – leben in der Karibik, wo sie zwischen den Korallen Nahrung finden, sich paaren und auf den Sandstränden am Meer ihre Nester anlegen – von Barbados im Osten bis Mexiko im Westen, von Florida im Norden bis Kolumbien im Süden.

Die Echte Karettschildkröte wird etwa einen Meter lang und bis zu 120 Kilogramm schwer. Sie ist eine der kleineren Meeresschildkröten. Als besondere Delikatesse wird sie seit Jahrhunderten bejagt. Jetzt ist ihr Überleben zusätzlich durch die globale Erwärmung bedroht.

Steigende Meeresspiegel und Temperaturen, Versauerung der Ozeane und noch mehr extreme Wetterereignisse könnten die Korallenriffe zerstören und die Strände auswaschen, wo die Weibchen die Eier ablegen. Das wäre eine ernste Gefährdung. Obwohl sie Tausende von Kilometern weit unterwegs sein können und 30 Jahre brauchen, bis sie ausgewachsen sind, kehren Meeresschildkröten zur Paarung und Eiablage immer wieder an die Strände zurück, an denen sie geboren wurden.

Höhere Temperaturen im Sand sind eine weitere Bedrohung. Die Schildkröten haben keine geschlechtsspezifischen Chromosomen, deshalb entscheidet die Umgebungstemperatur im Sand darüber, ob die Jungen als Männchen oder Weibchen schlüpfen. Je heißer der Sand ist, desto kürzer ist die Brutdauer und umso eher schlüpfen weibliche Junge. Mit anderen Worten: Heißer Sand führt zu einer drastischen Abnahme der Anzahl männlicher Meeresschildkröten – eine ernste Gefahr für den Fortbestand einer der ältesten lebenden Tierarten der Erde.

Ein europäischer Winterspielplatz

Jeden Winter von Dezember bis April pilgern zig Millionen Touristen in die Alpen, Europas größtes Gebirge: zum Skifahren oder Snowboarden, um die reine Bergluft zu atmen und den herrlichen Anblick der schneebedeckten Alpengipfel zu genießen.

Ein Österreicher, für den das Skifahren nicht das Höchste der Gefühle ist, der ist wohl keiner. Österreich besteht zu zwei Dritteln aus Bergen und hat 22 000 Kilometer Skipisten, 16 000 Kilometer Langlaufloipen und unzählige Hütten – Skifahren ist einfach ein Teil der österreichischen Kultur. Innsbruck als Austragungsort der Olympischen Winterspiele 1964 und 1976 gilt auch als Snowboard-Hauptstadt Europas.

Der Skitourismus hat eine 140-jährige Geschichte und erbringt vier Prozent des Bruttosozialprodukts, ist also ein wichtiger Zweig der österreichischen Wirtschaft.

Weil die Skigebiete Österreichs in relativ geringen Höhen liegen, sind steigende Temperaturen ein besonderes Problem für sie. Die Alpengletscher haben sich bereits in den letzten hundert Jahren zurückgezogen, aber neuerdings beschleunigt sich das Abschmelzen dramatisch. Seit 1980 haben die Gletscher 20 Prozent ihrer Größe verloren. Die vier wärmsten Jahre seit Beginn der Aufzeichnungen waren 1994, 2000, 2002 und 2003.

An tiefer liegenden Hängen fällt weniger oder gar kein Schnee, und hoch oben in den Bergen taut der Permafrostboden. Einstmals schneesichere Skigebiete werden durch das warme Wetter destabilisiert; Lawinen und Steinschlag gefährden Straßen- und Schienenverkehr, Ortschaften und Menschen.

Um das Gletschereis vor dem Schmelzen zu bewahren und die Tourismusindustrie zu schützen, werden jetzt in Skiurlaubsorten überall in den Alpen während des Sommers die Gletscher mit riesigen weißen Isolierplanen abgedeckt. Dieses Abdecken ist jedoch nur eine kurzfristige Lösung und kann auf längere Sicht die Folgen der globalen Erwärmung nicht aufhalten. Wenn die Temperaturen bis zum Ende des Jahrhunderts um 3 °C steigen, werden die Alpengletscher um 80 Prozent schrumpfen und die Skiurlaubsorte verlassen daliegen.

Don Fuchs/Getty Images

iler/Getty Images

94. *Indus · Skardu, Pakistan*

Pakistans Lebensader

Der Indus hat viele Namen. In Tibet heißt er Löwenfluss. Er fließt zwischen den Gebirgsketten von Himalaja und Karakorum aus Richtung der aufgehenden Sonne, weshalb ihn die Menschen dort den Östlichen Fluss nennen. Auf Paschtu lautet sein Name Abasin *– »Vater der Flüsse«.*

Der Indus entspringt im tibetischen Transhimalaja und wird von den Gletschern des Himalaja, des Karakorum und des Hindukusch gespeist. 3000 Kilometer weit fließt er durch Gebirge und gigantische Schluchten, bevor er in Pakistan die weiten Ebenen des Industales erreicht und schließlich in das Arabische Meer mündet.

Der Indus ist die Lebensader der Menschen Pakistans. Auf seinem Weg durch das Land bewässert und ernährt er in gemäßigtem Klima Wälder, Ebenen und freie Landschaft. Als einziger großer Fluss in einem der trockensten Länder der Erde ermöglicht er die Bewässerung in den ländlichen Gebieten und sichert den Wasserverbrauch in kleinen und großen Städten.

Seit Jahren nutzt Pakistan den Fluss als Teil des größten Bewässerungssystems der Erde, das etwa 142 000 Quadratkilometer Wüstenebene in bebautes Ackerland verwandelt – Grundlage für zwei Drittel der Arbeitsplätze und 80 Prozent der Exporte des Landes.

Der Klimawandel und das Abschmelzen der tibetischen Gletscher könnte den Indus in einen periodischen Fluss verwandeln. Pakistan leidet bereits jetzt unter Wassermangel, aber schmelzende Gletscher und noch unregelmäßigere Niederschläge könnten die Wasserversorgung der ganzen Region zum Erliegen bringen.

Mangels anderer Wasserquellen hätte dies für die Pakistaner verheerende Folgen. Der Wassermangel könnte zu massenhafter Abwanderung führen und die Grundlagen der nationalen Wirtschaft erschüttern.

»Der Klimawandel verschlimmert die Notlage Hunderter Millionen von Männern, Frauen und Kindern, die bereits in äußerster Armut leben – und er droht weitere Hunderte Millionen von Menschen in ähnliches Leid abzudrängen. Eine gemeinschaftliche internationale Reaktion auf diese noch nie da gewesene Herausforderung ist unbedingt notwendig, um katastrophales menschliches Elend zu verhindern.«

Klimawandel und Armut
Vom Wunsch zur Tat

DR. ROBERT GLASSER, GENERALSEKRETÄR VON CARE INTERNATIONAL

Das menschliche Antlitz des Klimawandels

Die vorangehenden Kapitel dieses Buches sind eine erschütternde Lektüre: Die umittelbar bevorstehende Bedrohung, die sie beschreiben, ist global und schwerwiegend, vor allem für die ärmsten Menschen, die am wenigsten zur Entstehung des Problems beigetragen haben. Der vom Menschen verursachte Klimawandel verändert das Verlaufsschema extremer Wetterereignisse wie Überflutungen, Wirbelstürme und Dürren. Obwohl ein gewisser Klimawandel jetzt unvermeidbar ist, haben wir immer noch genügend Zeit, um die schlimmsten Auswirkungen abzuwenden. Wir können menschliches Leid ungeahnten Ausmaßes verhindern, aber dazu müssen wir schnell handeln. Wir haben keine Sekunde zu verlieren.

Der Preis der Untätigkeit wäre hoch und hätte weitreichende Folgen, die vor allem zu Lasten der Armen gingen. Die Auswirkungen des Klimawandels zerstören nicht nur Lebensgrundlagen und Infrastruktur, sondern verschärfen auch finanzielle, politische, soziale und Umweltprobleme und erschweren es umso mehr, viele Entwicklungsziele zu erreichen. Wir müssen deshalb nicht nur den Ausstoß von Treibhausgasen reduzieren, sondern auch weltweit mehr in die Verringerung von Katastrophenrisiken investieren, klimafeste Lebensgrundlagen schaffen, lokale Verwaltungen stärken sowie herkömmlich verwurzelte Ungerechtigkeiten und diskriminierende Machtstrukturen niederreißen.

Die Zeit drängt, denn der Klimawandel vollzieht sich rascher und heftiger, als ursprünglich vorhergesagt wurde, und wir könnten uns nur allzu bald einem Punkt irreversiblen »Umkippens« nähern. Tatsächlich steigen die CO_2-Emissionen weltweit immer stärker, immer schneller an, und viele Menschen zahlen schon jetzt den Preis dafür. Wir haben kaum eine andere Wahl, als zwei Dinge gleichzeitig zu tun: eine spürbare Senkung des Ausstoßes von Treibhausgasen zu erreichen und uns mit den bereits unvermeidlichen Auswirkungen des Klimawandels zu befassen.

Wir müssen endlich die dringende Notwendigkeit erkennen und ernst nehmen, Treibhausgas-Emissionen durch Energieerzeugung, Abholzung, Verkehrsmittel und Industrieanlagen zu reduzieren. Die internationale Gemeinschaft hat sich in Kopenhagen zur 15. Vertragsstaatenkonferenz der UN-Klimarahmenkonvention (UNFCCC) getroffen, um Wege aus der Krise zu vereinbaren. Damit sollte verhindert werden, dass wir über ein als noch sicher geltendes Emissionslimit hinausschießen und dass der Klimawandel künftigen Generationen eine ganz andere – und viel gefährlichere – Welt schafft. Die in den Klimagipfel gesetzten Erwartungen wurden leider nicht erfüllt. Umso dringender ist der Auftrag an die Folgekonferenzen, verbindliche konkrete Übereinkünfte zu erarbeiten.

CARE hilft weltweit Millionen armer Menschen, die den Folgen des Klimawandels besonders ausgeliefert sind. Ihr Ringen ums Überleben und die Erfahrungen ihres Alltags erinnern uns daran, dass der Klimawandel ein menschliches Antlitz hat. Aufgabe und Arbeit von CARE ist es, Armut zu bekämpfen und die Würde dieser Millionen Menschen zu verteidigen. CARE konzentriert sich deshalb darauf, schwachen Gesellschaften zu helfen, sich an die Auswirkungen des Klimawandels anzupassen, unter denen sie bereits leiden.

Jetzt mit der Anpassung beginnen!

Von den immer häufigeren Dürren in Afrika bis zum Abschmelzen der Gletscher auf dem amerikanischen Doppelkontinent, von Hitzewellen in Europa bis zu schlimmer werdenden Monsunregen in Südostasien zeigt es sich deutlich, dass es zu spät ist, negative Auswirkungen des Klimawandels gänzlich zu verhindern. Darüber hinaus befürchten Wissenschaftler, dass wir – als Folge der Trägheit des Klimasystems – bereits mit erheblich stärkerer Erwärmung rechnen müssen (mindestens 0,6 °C bis zum Ende des Jahrhunderts). Beispielsweise kommen neuere Forschungen zu dem Ergebnis, dass es tausend Jahre oder länger dauern würde, einige der bereits eingetretenen Folgen umzukehren – selbst für den sehr unwahrscheinlichen Fall, dass die weltweiten Emissionen unverzüglich auf das vorindustrielle Niveau abgesenkt werden könnten. Das zeigt, dass es jetzt allerhöchste Zeit ist, sich an die Veränderungen anzupassen, die menschliches Tun in Gang gesetzt hat. Für CARE bedeutet das, sich vor allem um die anfälligsten Gesellschaften zu kümmern, die über die geringsten Möglichkeiten zur Anpassung verfügen.

Anpassungsreaktionen umfassen folgende Möglichkeiten: technische (z. B. höhere Meeres-Flutwehre), verhaltensbezogene (z. B. weniger Verbrauch und Verschwendung), unternehmerische (z. B. neue landwirtschaftliche Methoden) und politisch-strategische (z. B. neue Regelungen). In vielen Ländern wird bereits eine Mischung dieser Ansätze in sich rasch entwickelnden Anpassungsstrategien verfolgt. Beispielsweise arbeitet CARE mit Dorfbewohnern auf Misali Island vor Tansania daran, Mangrovenwälder wieder aufzuforsten. Wenn sie nachwachsen, bilden die Mangroven einen wichtigen Lebensraum für im Wasser lebende Arten, die ihrerseits eine Lebensgrundlage der Einheimischen sind, und außerdem eine »lebende Sturmbarriere«, die die Gefahren der Wirbelstürme verringern.

Die ärmsten Menschen zahlen den Preis

Obwohl sie am wenigsten zu den Ursachen der globalen Erwärmung beigetragen haben, sind die ärmsten Menschen auf der Erde am stärksten davon betroffen. Das liegt daran, dass ihre Lebensformen, wie etwa die Subsistenzwirtschaft, besonders anfällig für veränderte Niederschlagsverhältnisse und andere Auswirkungen des Klimawandels sind. Doch einer der wichtigsten Faktoren, die über die Anfälligkeit von Einzelnen, Dorfgemeinschaften und ganzen Gesellschaften entscheiden, ist der Zugang zu den natürlichen, menschlichen, sozialen, physischen, politischen und finanziellen Ressourcen, wie sie für eine Anpassung unbedingt erforderlich sind. Der auffallende Mangel an solchen Faktoren ist ein Hauptgrund, warum arme Menschen – vor allem Randgruppen wie Frauen, Kinder und Alte – besonders hart vom Klimawandel betroffen sind.

Dieser Aspekt wird am deutlichsten durch das Beispiel des Zyklons Nargis veranschaulicht, der 2008 in Myanmar 140 000 Menschenleben forderte. Am schlimmsten wurden die üblicherweise von Armen bewohnten Gegenden getroffen, wo es kaum widerstandsfähige Häuser gibt und wo der Zugang zu Ressourcen und Hilfseinrichtungen (z. B. zu Frühwarnsystemen und Unterkunftsmöglichkeiten für eine schnelle Evakuierung und Unterbringung des Eigentums) fehlt, die die schlimmsten Folgen des Wirbelsturms hätten vermeiden können. Der Verlust des persönlichen

Besitzes machte arme Menschen noch ärmer und lieferte sie künftigen Katastrophen noch mehr aus.

Obwohl kein bestimmtes einzelnes Ereignis wie der Zyklon Nargis dem Klimawandel unmittelbar angelastet werden kann, ist es doch klar, dass verschlimmerte extreme Wetterverhältnisse dazu beitragen können, mühsam erreichte Entwicklungsschritte zu unterhöhlen. Mittlerweile zerstören zeitlich und mengenmäßig veränderte Niederschläge die landwirtschaftlichen Grundlagen ganzer ländlicher Gegenden.

Das Wissen der Einheimischen nutzen

Wir müssen deshalb den ärmsten Menschen der Erde helfen, sich dem Klimawandel anzupassen. Dazu gehört technische Unterstützung, damit die von ihnen aufgebauten Infrastrukturen nicht von Unwettern hinweggefegt werden. Auch neueste Erkenntnisse der Klimaforschung sollten in die Strategieplanung einbezogen werden. Doch solche Bemühungen auf nationaler Ebene müssen durch für die Menschen relevante Maßnahmen an der Basis ergänzt werden, Maßnahmen, die einheimisches Wissen anwenden, um die Anfälligkeit der Ärmsten für den Klimawandel zu verringern. CARE berücksichtigt diesen auf die Dorfgemeinschaften und ihre Menschen ausgerichteten Ansatz bei seiner Arbeit. Diese umfasst folgende Punkte:

- Das Katastrophenrisiko verringern: Der von Menschen verursachte Klimawandel verändert extreme Wetterereignisse wie Überflutungen, Wirbelstürme und Dürren. In vielen Fällen verstärkt sie der Klimawandel und lässt sie häufiger und weniger vorhersehbar auftreten und andauern. Das vergrößert überall das Katastrophenrisiko, vor allem aber in jenen Teilen der Welt, in denen die Menschen bereits in hohem Maße schutzlos sind. Die Einrichtung von Frühwarnsystemen, verbesserten Unterkünften, Essensausgaben und Saatvorräten ist deshalb entscheidend für die Verminderung der Risiken und langfristigen Folgen von Katastrophen. Größere Investitionen in die Katastrophenvorbeugung sind jetzt vonnöten, besonders in armen Ländern, die schon immer besonders gefährdet waren, nun aber infolge des Klimawandels eine Zunahme extremer Wettersituationen erleben.

- Die Lebensgrundlagen widerstandsfähiger machen: Natürlich bedeutet Anpassung an den Klimawandel mehr als den Umgang mit seinen katastrophalen Auswirkungen. Auch wenn gewaltige Stürme und andere extreme Wetterereignisse eher Schlagzeilen bringen – stetige Veränderungen, wie höhere Temperaturen und unberechenbare Niederschlagsverhältnisse, stellen eine sogar noch größere Bedrohung für die Armen dar. Deshalb ist es besonders wichtig, Dorfgemeinschaften und lokalen Einrichtungen zu helfen, die ländlichen Lebensgrundlagen widerstandsfähiger gegen Klimaschwankungen und langsame Veränderungen zu machen. Die Aufgaben können in der Auffrischung traditioneller Kenntnisse, der Förderung neuartiger Landwirtschaftsmethoden und der breiteren Fächerung von Einkommensquellen bestehen.

- Örtliche Kapazitäten stärken: Die Menschen, die vor Ort tätig sind, verfügen bereits über viele Fertigkeiten, Erfahrungen und Verbindungen, die sie brauchen, um den Auswirkungen des Klimawandels zu begegnen. Doch um dieses Vermögen nutzen zu können, muss ihre Fähigkeit gestärkt werden, Klimarisiken zu verstehen, geeignete Anpassungsmaßnahmen zu bestimmen und dieses Wissen bei Planungen und Entscheidungen einzubeziehen.

- Herkömmlich verwurzelte Ungerechtigkeiten und diskriminierende Machtstrukturen niederreißen: Geringes Schulbildungsniveau, eingeschränkter Zugang zu Informationen, fehlende Entscheidungsbefugnis im häuslichen Bereich und in der Gemeinschaft sowie politische Ausgrenzung gehören zu den schlimmsten Hinderungsgründen für die Anpassungsfähigkeit armer Menschen. Die Welt muss herkömmlich verwurzelte Ungerechtigkeiten und diskriminierende Machtstrukturen abschaffen, wenn die Armen ihre eigenen Beiträge zum Umgang mit der Bedrohung durch den Klimawandel leisten sollen. Wir können ihnen helfen, indem wir die Selbstbestimmung der Frauen fördern und benachteiligte Gruppen an örtlichen Entscheidungen teilhaben lassen, indem wir auf einer transparenten und verantwortungsbewussten Verwaltung bestehen und gerechten Zugang zu allen Ressourcen und Leistungen – wie zum Gesundheits- und Bildungswesen – sicherstellen.

Die Politik muss jetzt handeln

Wie kommt es, dass wir jetzt an solch einem gefährlichen Abgrund stehen? Der Klimawandel als große Bedrohung ist schon seit mindestens 30 Jahren bekannt. Die erste Weltklimakonferenz stellte bereits 1979 die globale Erwärmung als dringendstes Problem heraus und veröffentlichte eine Erklärung, in der alle Regierungen aufgefordert wurden, unverzüglich Abhilfemaßnahmen zu ergreifen. Doch erst im Jahr 1992 unterzeichneten 154 Staaten auf dem Umweltgipfel von Rio de Janeiro die UN-Klimarahmenkonvention. Das Abkommen sollte »eine Stabilisierung der Treibhausgaskonzentrationen in der Atmosphäre auf einem Niveau erreichen, das eine gefährliche anthropogene Störung des Klimasystems verhindert«. Industrieländer verpflichteten sich, die Emissionen bis zum Jahr 2000 auf den Stand von 1990 zurückzuführen, scheiterten jedoch kläglich.

Dann kam das Kyoto-Protokoll. Es schrieb rechtlich bindend eine Emissionsbeschränkung (im Durchschnitt um magere 5,2 Prozent) für Industrieländer bis 2010 vor. Obwohl das Protokoll 1997 beschlossen wurde, trat es nicht vor 2005 in Kraft. Die USA und einige andere Staaten beteiligten sich nicht daran, und nur wenige Länder, die sich dazu verpflichtet haben, werden tatsächlich ihr Ziel der Emissionssenkung erreichen.

Ohne Zweifel sind nicht nur stichhaltige wissenschaftliche Erkenntnisse erforderlich, sondern es muss zusätzlich öffentlicher Druck aufgebaut werden, um die Regierungen vom Ausmaß der Herausforderung zu überzeugen, vor der die Welt steht. Jeder von uns muss die führenden Vertreter seiner kommunalen, föderalen und nationalen Verwaltung und Regierung wissen lassen, dass wir von ihnen mutiges und unverzügliches Handeln erwarten, um der Herausforderung zu begegnen – und dass sie dafür verantwortlich sind. Um unseren Forderungen Gehör zu verschaffen, sollte jeder von uns Umweltkampagnen unterstützen und an Bürgerbewegungen teilnehmen, die unsere tiefe Besorgnis über die globale Erwärmung zum Ausdruck bringen.

Um unseren Druck zu verstärken, sollte sich jeder von uns eines ganz bestimmten Themas annehmen, das ihm ein besonderes Anliegen ist, und dann mit gleichgesinnten Nachbarn und nichtstaatlichen Einrichtungen (Religionsgemeinschaften, Gewerkschaften, Non-Profit-Organisationen und dergleichen) Regierungschefs und Wirtschaftsführer zum Handeln drängen.

- Schadensminderung und Umschalten auf saubere Energie: Die Herausforderung ist völlig klar, aber die Regierungen sollten wissen, dass ihre Bürger große Schritte trotz kurzfristiger Mehrkosten unterstützen. Die Regierungen müssen auch die Wirtschaft motivieren, Emissionen zu drosseln, und umweltverträgliche Geschäftsgepflogenheiten unterstützen.

- Schutz und Erhaltung der Wälder: Wälder spielen eine Schlüsselrolle bei der globalen Erwärmung, weil sie CO_2 speichern. Wenn Wälder vernichtet werden, geben sie dieses CO_2 an die Atmosphäre ab. Die Entwaldung ist jetzt für etwa 20 Prozent der weltweiten jährlichen CO_2-Emissionen verantwortlich.

- Anpassungshilfe für besonders gefährdete Bevölkerungen: Die ärmsten Menschen auf der Erde werden vom Klimawandel am härtesten getroffen, obwohl sie am wenigsten zur Entstehung des Problems beigetragen haben. Viele Menschen, die ums Überleben kämpfen, stehen unmittelbar am Rande des Ruins. Sie brauchen Ihre Hilfe, um gegen diese große Ungerechtigkeit anzugehen.

Jeder Einzelne muss handeln

Das Klima verändert sich. Und Sie? Jeder von uns muss Verantwortung für die Verringerung von Treibhausgas-Emissionen übernehmen, und diejenigen unter uns, die einen Lebensstil führen, der hohe Emissionen verursacht, sind moralisch besonders verpflichtet, etwas zu unternehmen. Jeder von uns muss Teil der Lösung des Problems Klimawandel sein. Hier sind ein paar Vorschläge für den Anfang:

- Informieren Sie sich besser: Je mehr Sie über den Klimawandel wissen, desto stärker werden Sie sich verpflichtet fühlen, etwas zu ändern, und imstande sein, anderen Ihre Entscheidung zu erklären! Bilden Sie sich selbst über den Klimawandel weiter und über alles, was Sie tun können, um etwas zu bewirken.

- Verringern Sie Ihren Beitrag zur Umweltbelastung: Auch wenn es stimmt, dass Regierungen (durch Finanzierung, Gesetzgebung und behördliche Regulierung) sowie der private Wirtschaftssektor zur Lösung des Problems der Erderwärmung tätig werden müssen, spielt jeder Einzelne doch eine wichtige Rolle. Mit den Worten von Gandhi muss jeder von uns »der Wandel sein, den wir in der Welt wahrnehmen wollen«. Beginnen Sie damit, Ihr Zuhause und Ihre Gewohnheiten zu überprüfen, um Möglichkeiten für Veränderungen herauszufinden – und fangen Sie mit leichten Korrekturen an, um dann zu schwierigeren fortzuschreiten.

- Überzeugen Sie andere, das Gleiche zu tun: Wir können den Klimawandel besiegen, indem wir gemeinsam handeln.

Vom Wunsch zur Tat

Internationale Zusammenarbeit in nie da gewesenen Dimensionen ist erforderlich, wenn wir die Emission von Treibhausgasen so weit reduzieren wollen, dass der Klimawandel nicht gefährliche Ausmaße annimmt. Glücklicherweise wissen wir, was zu tun ist, um politischen Stillstand zu überwinden und das erforderliche weltweite politische Engagement aufzubauen.

Zuerst müssen die Bürger und die Regierungen der reichen Industrienationen mit gutem Beispiel vorangehen und den Ausstoß von Treibhausgasen reduzieren. Erst dann werden die Entwicklungsländer bereit sein, ihren Anteil an der Last zu tragen.

Als Zweites müssen die entwickelten Staaten den weniger entwickelten Ländern nennenswerte Unterstützung bieten, um ihnen zu helfen, sich den Folgen des Klimawandels anzupassen. In der Vergangenheit hatten die wohlhabenden Länder fast nur die Verringerung der Emissionen in Entwicklungsländern im Blick. Aus praktischen und moralischen Gründen sind jedoch gleich starke Verpflichtungen erforderlich, um Anpassung zu unterstützen und klimabedingte Migration anzugehen.

Die Regierungen in aller Welt erkennen zunehmend die Notwendigkeit, ihre Hilfe gerechter zu verteilen. Die dringende Herausforderung muss konkrete Vorschläge nach sich ziehen, um die Wechselwirkungen zwischen Klimawandel und der ständigen Bedrohung der Menschen durch Armut, Konflikte und Ungerechtigkeit in den Griff zu bekommen.

Der Klimawandel ist eine ernste Bedrohung, aber auch eine nie da gewesene Gelegenheit, persönliches, gemeinschaftliches, staatliches sowie multilaterales Handeln zu mobilisieren. Deshalb ist CARE in seinem Bestreben, ärmeren Gemeinschaften die Herausforderungen des Klimawandels bewältigen zu helfen, fortwährend dabei, dazuzulernen, zu erneuern und zusammenzuarbeiten. In dieser Hinsicht könnte unsere Reaktion auf diese Herausforderung schließlich genauso wichtig werden wie die Überwindung der Herausforderung selbst.

Philippe Stalla

Für den Planeten, den wir lieben!

Wir alle wissen, dass uns nicht mehr viel Zeit bleibt, um einen globalen Turnaround einzuleiten, der den Klimawandel stoppt. Darum sind wir alle gefordert, uns zu engagieren, sei es in der Politik oder bei all den Dingen, die wir ohnehin jeden Tag tun. Zum Beispiel sind wir jeden Tag Konsumenten.

Wie können wir die 100 einzigartigen Orte – und mehr als das: unsere Erde – vor einem drohenden Klimakollaps retten? Es gibt einige Wege. Einer ist der, aufgrund von nachhaltigen Kriterien einzukaufen. Zu fragen, ob die Milch vom Biobauern ist. Und der Kaffee fair gehandelt wird und auch der Plantagenarbeiter einen gerechten Lohn erhalten hat. Nachhaltig einzukaufen bedeutet auch zu fragen, ob die Jeans aus Bio-Baumwolle ist. Was passiert mit dem Geld, das ich der Bank überlasse? Denn Geld ist nicht neutral. Und es ist nicht gleichgültig, ob Geld in einen Rüstungsfonds wandert oder einen Windpark unterstützt. Oder ob die monatlichen Zahlungen für Atomstrom oder Ökostrom ausgegeben werden.

Zunächst war die Gruppe klein, die ihr Konsumverhalten strategisch neu ausgerichtet hat, um ihren Teil zur Rettung unseres Planeten beizutragen. Erst waren es Menschen, die mehr Bildung und mehr im Portemonnaie hatten als der Durchschnitt. Vielleicht handelte es sich um eine Elite, aber es ging ihnen darum, Maßstäbe für alle zu setzen. Mittlerweile ist diese Gruppe gewachsen, und ihre Nachfrage hat den Markt derart beeinflusst, dass es Bio-Lebensmittel und Bio-Baumwollkleidung heute beim Discounter gibt. Die Autoindustrie listet mittlerweile wie selbstverständlich die CO_2-Emission ihrer Neuwagen auf. Auch in der Architektur und im Design ist Nachhaltigkeit »sexy« geworden. Die Veränderungen betreffen mittlerweile sämtliche Lebensbereiche, und das hat »der Markt« bewirkt.

Wer sich auf dem Online-Portal Utopia informiert, ist sich seiner Macht an der Ladentheke sehr bewusst und setzt sein Geld überlegt ein. (Im besten Fall ist strategischer Konsum natürlich Nicht-Konsum.) Je mehr Menschen sich ihrer Macht als Konsumenten und Bürger bewusst werden, desto mehr bewegt sich der Markt – weitaus schneller, als die Politik das zu beeinflussen vermag. Denn wenn sich Einstellungen ändern, ändern sich später auch die Arbeits- und Produktionsabläufe. Am Ende ist aus dem kleinen Beitrag jedes Einzelnen ein großer Beitrag für den Erhalt der 100 einzigartigen Orte geworden. Und für die Zukunft unserer Kinder!

Claudia Langer war in der Werbebranche erfolgreich. Sie gründete in den Neunzigern die Agentur Start, die durch Kampagnen für MTV, Levi's und die Deutsche Bank bekannt wurde. 2007 hat sie das Online-Portal Utopia gegründet.
www.utopia.de

Das goldene Tor zwischen Ost und West

»Wenn du noch nie den mächtigen Jangtse-Strom hinauf gereist bist, warst du noch nirgends.« (Chinesisches Sprichwort)

Der Jangtse (der offiziell *Chang Jiang*, also »Langer Fluss«, heißt) schlängelt sich, von der tibetischen Hochebene kommend, durch zahlreiche Provinzen Chinas, um dann ins Ostchinesische Meer zu münden. Auf dieser Reise legt er 6300 Kilometer zurück – und ist damit der längste Fluss Asiens, der nur noch vom Amazonas und vom Nil übertroffen wird.

Der gewundene Flusslauf hat einige der beeindruckendsten Landschaften Chinas geschaffen. Die tiefen Täler, die dicht mit Grün bewachsenen Berge und die steilen Felswände, die sich messerscharf ins lehmige Wasser des Jangtse senken, bieten atemberaubende Ansichten. Besonders die berühmten Drei Schluchten präsentieren Landschaften von dramatischer Schönheit.

Am mittleren und unteren Flusslauf des Jangtse, wo das Klima warm und feucht ist, begann vor etwa 8000 Jahren der Reisanbau. Heute liefern die landwirtschaftlichen Nutzflächen am Jangtse fast die Hälfte der gesamten Reisproduktion Chinas – und insgesamt kommt etwa ein Drittel der Weltproduktion aus China.

Ungefähr 500 Millionen Menschen sind auf das Süßwasser des Jangtse angewiesen, der Städte wie Shanghai und Nanking mit Trinkwasser versorgt. Und als »Goldenes Tor« verbindet der Jangtse – seit Jahrtausenden ein besonders wichtiger Transportweg – das östliche mit dem westlichen China.

Wegen des Schwindens der tibetischen Gletscher wird der Durchfluss des einst mächtigen Jangtse künftig in der trockenen Jahreszeit deutlich schwächer werden. Bis zum Ende des 21. Jahrhunderts haben die Gletscher, die den Jangtse speisen, voraussichtlich um mehr als 60 Prozent abgenommen. Damit wird in großen Teilen Chinas das ganze Jahr hindurch weniger Wasser verfügbar sein, was einen enorm hohen menschlichen, ökologischen und wirtschaftlichen Preis fordern dürfte. Man erwartet, dass die Reiserträge erheblich geringer ausfallen, was nicht nur der chinesischen Bevölkerung zum Schaden gereichen, sondern auch bedenkliche Einbrüche in der weltweiten Nahrungsversorgung verursachen wird.

Jeff Hutchens/Getty Images

Ter
eben
wird
Then

Robert Freck/Getty Images

Diese Menschen brauchen den Kaffee dringender als Sie

Kaffee ist nicht nur weltweit eines der beliebtesten Getränke – für manche Länder ist er auch ein lebenswichtiges Exportgut. Zu ihnen gehört Mexiko. Hier wird der meiste Kaffee von 100 000 kleinen Plantagen erzeugt. Der Bundesstaat Veracruz im Osten ist der zweitgrößte Kaffeeproduzent des Landes – er liefert 20 Prozent der gesamten Kaffeemenge Mexikos.

Im Hochland von Veracruz erzeugen viele der kleinen Farmer auf traditionelle Weise sogenannten Schattenkaffee, der statt in Monokultur zwischen Bäumen wächst. Diese Bäume spenden nicht nur Schatten, sondern düngen auch den Boden, wenn ihre Blätter und Früchte zu Boden fallen. Dadurch bleiben die Kaffeepflanzen kräftig und gesund.

Die Farmer pflücken die roten Kaffeebeeren von Hand, sobald sie reif sind. Dann verarbeiten sie sie entweder im Wasserbad oder trocknen sie auf großen Terrassen in der Sonne, wobei die Beeren ebenfalls von Hand häufig gewendet werden müssen, damit sich das Fruchtfleisch löst. In der Frucht befindet sich der Samen: zwei Kaffeebohnen je Beere.

Im Vergleich zu modernen Herstellungsverfahren ist der traditionelle biologische Kaffeeanbau zeitraubend, und die Erträge sind gering. Andererseits braucht man weder Dünger noch Pflanzenschutzmittel, was die traditionelle Methode besonders umweltfreundlich macht. Dieser Kaffee ist zudem für sein intensives Aroma berühmt.

Die kleinen biologischen Kaffeeanbauer von Veracruz leiden seit vielen Jahren unter den niedrigen Kaffeepreisen auf dem Weltmarkt. Jetzt stehen sie vor einem weiteren großen Problem. In naher Zukunft wird der Klimawandel zu Dürren und Überschwemmungen im Sommer und ungewöhnlich kaltem Wetter im Winter führen. Damit wären viele Gebiete von Veracruz nicht mehr für den biologischen Kaffeeanbau geeignet. Bis 2020 könnte die Produktion in Veracruz wirtschaftlich nicht mehr überlebensfähig sein, und viele Kleinbauern müssten den Kaffeeanbau aufgeben.

Wo Pinguine im Meer fliegen

Antarktika, die Landmasse des Südpolargebiets, besitzt keine ständigen menschlichen Ansiedlungen. Stattdessen ist das riesige Land, das unter einer dicken Eisdecke liegt und von Meereis umgeben ist, die Heimat einer anderen Art von Zweibeinern. Millionen von Pinguinen – Symbole dieses Kontinents – bewohnen Antarktika in Kolonien, viele von ihnen die äußerste Spitze der Antarktischen Halbinsel.

Der Kaiserpinguin, die größte Art von allen, ist in Antarktika endemisch – es gibt ihn nur hier. Jedes Jahr unternehmen die Kaiserpinguine eine erstaunliche Reise. Immer zu zweit wandern die Paarungspartner bis zu 120 Kilometer oder weiter landeinwärts über die antarktische Eiswüste zu ihren angestammten Brutplätzen. Hier legt das Weibchen ein einziges Ei.

Die Pinguine wirken an Land etwas unbeholfen, sie watscheln oder fahren bäuchlings auf dem Eis »Schlitten«. Unter Wasser bewegen sie sich jedoch flink und elegant. Die ersten Antarktisforscher hielten sie irrtümlich für Fische und klassifizierten sie entsprechend. Mit ihren stromlinienförmigen Körpern und Flügelchen, die sich zu kräftigen, steifen Flossen entwickelt haben, sind sie perfekt dafür geschaffen, durch das Wasser zu fliegen. Der Kaiserpinguin kann ohne Unterbrechung bis zu 22 Minuten lang und mehr als 500 Meter tief tauchen.

Wie sein kleinerer Verwandter, der Adeliepinguin, braucht der Kaiserpinguin das Meereis zum Brüten. Die Menge des Meereises beeinflusst auch den Reichtum an Krill – krabbenähnlichen Krebstierchen –, einer lebenswichtigen Nahrungsquelle für die Fische, die wiederum den Pinguinen als Nahrung dienen.

Untersuchungen haben ergeben, dass der Temperaturanstieg auf der Antarktischen Halbinsel mit am schnellsten auf der ganzen Erde vorangeht. Wahrscheinlich waren die Eisschelfe in dieser Gegend seit 10 000 Jahren nicht mehr so klein wie heute. Wenn das Meereis verschwindet, verschwinden mit ihm auch die Pinguinkolonien. Man befürchtet, dass die Erwärmung im bisherigen Tempo voranschreitet und dass bis 2050 eine große Zahl von Kaiser- und Adeliepinguinen bedroht sein wird. Der Pinguin steht so als warnendes Symbol für die globale Erwärmung.

Doug Allan/Getty Images

Timothy Allen/Getty Images

Monsunregentropfen formen die Erde

Die Khasi, die die abgelegene Stadt Cherrapunji im Nordosten Indiens bewohnen, verwenden den Ausdruck hynniew-miat, *um Regenfälle zu beschreiben, die ganze neun Tage und Nächte lang anhalten;* khadsaw-miat *bedeutet 14 Tage ununterbrochener Regengüsse.*

Cherrapunji – in Wolken gehüllt und von nebligen Tälern mit gischtenden Wasserfällen umgeben – ist einer der feuchtesten Orte der Erde. Die jährliche Regenmenge beträgt hier 11430 Millimeter. Monsunwolken fegen vom Golf von Bengalen herein, überqueren die Ebenen von Bangladesch und entladen sich, wenn sie an die Khasi-Berge stoßen, wo Cherrapunji liegt.

Von Juni bis September trommelt der Regen unaufhörlich auf die Dächer der Häuser und die Blätterdächer der Bäume, er gräbt sich in Felsformationen, schleift und meißelt Klippen und verwandelt Cherrapunji in ein Meer von kleinen Flüssen. Die Dorfbewohner verwenden körperlange Regenmatten aus geflochtenem Bambus, um sich zu schützen.

Paradoxerweise haben die Bewohner eines der nassesten Orte der Erde nicht genugend Wasser. Die Stadt trocknet nämlich während der übrigen fast acht Monate im Jahr völlig aus und leidet dann unter Wasser- und Strommangel. Während des letzten Jahrhunderts haben die jährlichen Regenfälle abgenommen und sind unberechenbarer geworden – wahrscheinlich infolge des Klimawandels. Diese Entwicklung hat sich in den vergangenen 50 Jahren beschleunigt. Während der Trockenzeit, die jetzt länger und extremer ausfällt, hört der Regen fast vollständig auf, und die Brunnen trocknen aus.

Die zügellose Abholzung in der umgebenden Region verschärft das Problem, weil sie Bodenerosion verursacht. Wenn die Ackerkrume erst einmal fortgeschwemmt ist, kann der Boden kein Regenwasser mehr aufnehmen. Zusammen mit dem vorhersehbaren Anstieg der Temperaturen und den nicht mehr vorhersehbaren Niederschlagsverhältnissen in der Zukunft scheint sich das besondere Dilemma der Bewohner von Cherrapunji – hohe Preise für Wasser zu zahlen oder es meilenweit herbeitragen zu müssen – noch zu verschlimmern.

Eine Stadt im Mittelpunkt – wieder einmal

100. *Kopenhagen · Dänemark*

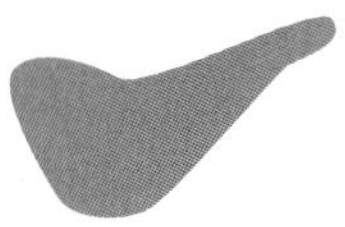

Kopenhagen heißt auf Dänisch* København *– ursprünglich* Købmandshavn*, also »Hafen der Kaufleute«. Seine begünstigte Lage am Meer ließ die Stadt bereits im 12. Jahrhundert, als sie Sitz und Besitz des Bischofs Absalon war, zu einem Handelszentrum werden. Der Bischof ließ eine Burg bauen, an deren Stelle sich heute das dänische Parlament – Schloss Christiansborg – befindet. Von hier aus wuchs die Stadt.

Seit der zweiten Hälfte des 19. Jahrhunderts erlebte Kopenhagen einen gewaltigen Bauboom, und um die Innenstadt herum entstanden Wohngebiete, um all den Menschen ein Heim zu geben, die vom Land in die Stadt drängten. Durch den Bau eines lokalen Schnellbahnnetzes in den 1930er Jahren wurden die meisten Teile der Stadt miteinander verbunden – ein weiterer Schritt in der Entwicklung Kopenhagens zu einer Metropole.

Heute erhält die Stadt erneuten Aufschwung. Seit 2000 führt eine Brücke über den Øresund, die Dänemark mit Schweden verbindet. Es entstand das jüngste Stadtgebiet Ørestad auf der Insel Amager. Seine hochmoderne Architektur steht in dramatischem Kontrast zur niedrigen Skyline der Innenstadt Kopenhagens, die von den Türmen der Schlösser und Kirchen dominiert wird.

Kopenhagens Lage am Wasser erweist sich heute jedoch eher als Bedrohung für seine Wahrzeichen, besonders in der Altstadt. Auch andere tiefer liegende Gebiete sind in Gefahr, vor allem die alten Häfen: Nyhavn – berühmt für seine 300 Jahre alten Häuser – und Christianshavn.

Man schätzt, dass ein weltweiter Anstieg der Meeresspiegel in Verbindung mit einer zunehmenden Sturmflutgefahr in Kopenhagen Schäden in Höhe von über 3,5 Milliarden Euro verursachen könnte. Gegen die Überflutungsgefahr hat man bei neuen Bauprojekten – so etwa der neuen U-Bahn und des Viertels Ørestad – bereits Vorkehrungen getroffen. Aber weitergehende Küstenschutzmaßnahmen sind unverzichtbar, wenn die historischen Stadtgebiete Kopenhagens – der Stadt der 15. Weltklimakonferenz der Vereinten Nationen – von Überflutungen verschont bleiben sollen.

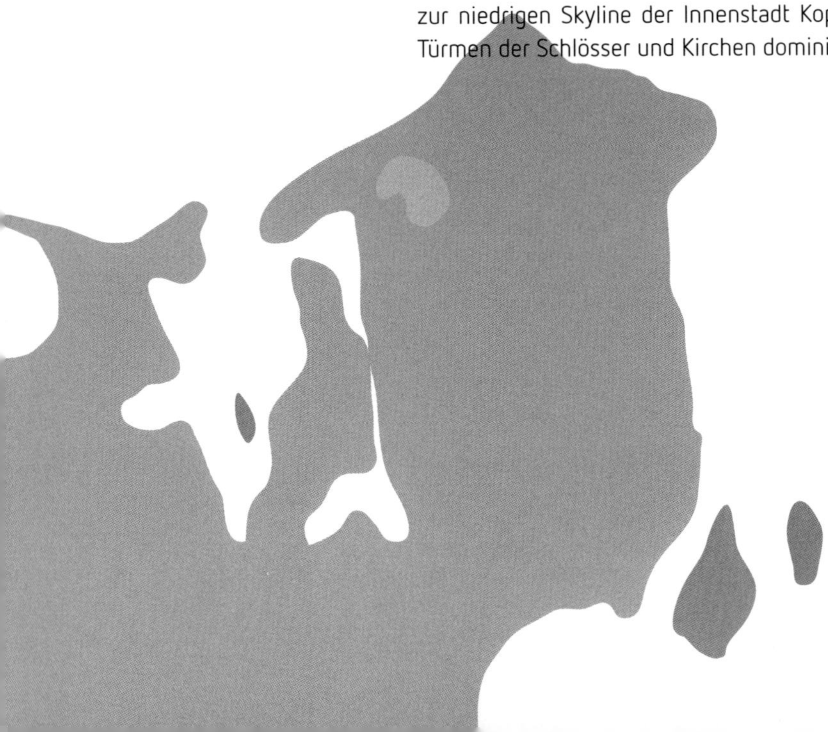

Søren Rud

Nyhavns
caféen

HAVFRUEN
GRILL

Lösungen in die Tat umsetzen

Die Stellungnahmen, Beiträge und Bilder in diesem Buch übermitteln eine deutliche Botschaft: Der Klimawandel ist eine Bedrohung unserer Lebensweise und für die Erde, wie wir sie kennen. Allein die Ungeheuerlichkeit der globalen Erwärmung kann ziemlich überwältigend und entmutigend wirken. Gibt es überhaupt etwas, das ein einzelner Mensch – oder auch ein einzelnes Land – tun kann, um sich an den Klimawandel anzupassen, ihn zu verlangsamen oder gar umzukehren?

Ja, es ist möglich!

Rund um die Erde werden Menschen, Gemeinwesen, Unternehmen, Staaten und die internationale Gemeinschaft tätig. Um dem Klimawandel entgegenzuwirken kommen Lösungsvorschläge aus allen Ecken und Enden der Welt.

Unsere größte Herausforderung ist, die Verbrennung von Kohle, Öl, Erdgas einzustellen, die allesamt erheblich zur Erderwärmung beitragen. Das ist zugleich die Herausforderung, die sich am spürbarsten auf die Menschen in aller Welt auswirken wird: Denn Kohle, Öl und Erdgas sind wesentliche Grundlagen der Wirtschaft – unverzichtbar für Produktion, Energieversorgung und Verkehr.

Kleine Veränderungen sind bereits erreicht worden. In manchen Ländern werden Kunststoffe jetzt aus pflanzlichem Material anstatt aus Erdöl hergestellt; Windkraft- und Solaranlagen ersetzen die Energieerzeugung durch Kohleverbrennung, und saubere Energie und Biodiesel finden zunehmend auf dem Transportsektor Verwendung. Die Welt von fossilen Brennstoffen zu befreien wird ein langer und zäher Kampf werden, denn hinter ihnen stehen nach wie vor massive wirtschaftliche und politische Interessen. Und für eine gewisse Zeit sind wir tatsächlich noch von ihnen abhängig. Es gibt jedoch Lösungen, die Tag für Tag immer effizienter und wettbewerbsfähiger werden. Die meisten Regierungen haben inzwischen die schlimmen Folgen des Klimawandels erkannt und anerkannt. Jetzt ist es an der Zeit, dass die Politiker tätig werden, einschlägige Forschungen finanzieren und die Nutzung von Alternativen zu fossilen Brennstoffen erleichtern. Mutige Entscheidungen, die heute getroffen werden, können die andernfalls düsteren Aussichten für das Klima noch verändern.

An vielen Orten der Erde sind die Auswirkungen des Klimawandels bereits zu spüren. Dürren, Überschwemmungen und extreme Wetterereignisse wie Wirbelstürme zerstören Leben, Lebensgrundlagen und ganze Ökosysteme. Die dramatischsten Folgen zeigen sich in Entwicklungsländern, die sich bereits mit schweren wirtschaftlichen, politischen und sozialen Problemen herumschlagen. Die Menschen in diesen Ländern haben keine andere Wahl, als sich dem Klima anzupassen. Küstenstädte in den Niederlanden, in Großbritannien und Italien verstärken Deiche und Dämme, um steigenden Meeresspiegeln und gewaltigeren Stürmen zu begegnen. Im australischen Perth liefert eine windbetriebene Entsalzungsanlage Trinkwasser für die wachsende Bevölkerung in einer Gegend, in der steigende Temperaturen und Regenmangel die natürlichen Reserven aufzehren. In den Ländern der Dritten Welt können alternative Energiequellen wie Solaranlagen oder Biobrennstoffe entlegene Dörfer mit Energie versorgen.

Die Herausgeber

Im Rahmen des Projekts »100 einzigartige Orte, die schon bald verschwinden könnten« wurden 100 Lösungen zusammengestellt, die Wege für die Zukunft aufzeigen und die Wirkungen des Klimawandels vermindern helfen sollen. Sie können mehr darüber erfahren auf unserer Website

100PLACES.COM

Diese Lösungen erinnern uns daran, dass wir etwas gegen die augenscheinlich düsteren Aussichten für unsere Erde tun können – wenn wir Lösungen finden und Pläne in die Tat umsetzen.

ORTSREGISTER

LÄNDERREGISTER

QUELLENANGABEN

15. UN-Klimakonferenz in Kopenhagen, 2009
www.cop15.dk

BBC
www.bbc.co.uk

Bundesministerium für Umwelt, Naturschutz und Reaktorsicherheit
www.bmu.de

CARE Deutschland-Luxemburg e.V.
www.care.de
www.care-international.org

CIA, The World Factbook
https://www.cia.gov/library/publications/the-world-factbook/index.html

CNN
www.cnn.com

Department für Geographie und Geologie an der Universität Kopenhagen
www.geo.ku.dk/english/

Deutsche Gesellschaft für die Vereinten Nationen
www.klimawandel-bekaempfen.de

FAZ, Dossier zum Klimagipfel
www.faz.net

GEO, Themen-Spezial Klimawandel
www.geo.de

Germanwatch
www.germanwatch.org

Greenpeace International
www.greenpeace.org

Heinrich Böll Stiftung
www.boell.de

Helmholtz Gemeinschaft
www.helmholtz.de/forschung

Intergovernmental Panel on Climate Change (IPCC)
Vierter Sachstandsbericht
www.ipcc-wg2.gov

National Geographic
www.nationalgeographic.com

Spiegel, Rubrik Wissenschaft, Uno-Klimakonferenz
www.spiegel.de

Umweltbundesamt
www.umweltbundesamt.de

UNESCO
www.unesco.org

United Nations Development Programme (UNDP)
www.undp.org

United Nations Environmental Programme (UNEP)
www.unep.org

Wissenschaftlicher Beirat der Bundesregierung, Globale Umweltveränderungen
www.wbgu.de

World Bank
www.worldbank.org

WWF
www.worldwildlife.org